JN224900

# 俺とスイーツ
### ～家族のためのお菓子作り～

高 橋 光 臣

# はじめに

　私がお菓子づくりを始めたのはコロナ禍から少し経ったころ。家の中で子どもたちと過ごすのが当たり前になってきたときに、何か一緒にできないかなと思い始めたのがきっかけでした。

　とはいえ最初はお菓子づくりの基本も知らず、計量も焼き時間もある意味適当でつくったクッキーはカチカチ。全く噛めなくてお菓子づくりは難しいという思いでいっぱいになりました。ただ、心のどこかにあったのは悔しさ。うまくつくれるならつくりたい、なんてことを密かに思っていました。

　そんな私の気持ちを動かしたのが、プライベートでも親しくしているDAIGOさん。「ドーナツをつくってよ」と頼まれたのがきっかけでした。それまでドーナツをつくったこともなかったし、ましてやクッキーづくりで失敗したなんて話もしていなかったので、なぜ？と思い話を聞くと、「光臣は塩味が強いから。スポーツとか汗のイメージでしょ。やっぱり甘みがほしいよね」となんだかよく分からない話で(笑)。でも何かおもしろそうだなと思い、再びお菓子づくりに挑戦することにしました。そしてせっかくつくるなら、前回のような失敗をしないように計量もしっかりしてレシピ通りつくろうと心に決めました。

　そうしてつくったら、前回の失敗なんてなんのその。レシピの写真通りのクッキーができました。その後につくった生チョコタルトもおいしくて、そこからどんどんお菓子づくりにハマっていきました。お菓子を楽しみにしてくれている家族の笑顔もヤル気にさせてくれましたが、密かに私の力になったのはSNSでのコメント。つくる度にいろいろ反応していただき、そのコメントを読むのも楽しみになっていきました。

　そうやってお菓子づくりを始めて1年半ほど。まさか自分が本を出せるとは思っていなかったです。今回は、父親として子どもたちに食べてもらいたいと思ったお菓子を集めました。そして私みたいなお菓子づくりをしたことがない人でも楽しく、基礎的なクッキーから見た目も美しい、一見ハードルが高そうに感じるケーキまでステップを踏みながら、つくれるように紹介しています。この本をきっかけにお菓子づくりに興味を持ってくださる方が増えるとうれしいです。

高橋光臣

# *Mitsuomi's*
## お菓子づくりの 5 RULES

### 1 "計量が命"なので 材料は最初に量っておく

計量をしっかりしていれば大抵の失敗は防げると思います。そのためにも、事前に材料はすべて計量してからつくり始めてください。つくり始めてからあたふたすることもなくなるので、作業に没頭できます。

### 2 オーブンは個性があるので うまく付き合っていく

私は家庭用のオーブンレンジを使っていますが、オーブンは機種によって焼け具合など微妙に異なることがあります。まずはレシピ通りにつくって、その後は±5分ほどで調整してみるといいと思います。

### 3 1回目はレシピ通りに つくってみる

砂糖の量やフルーツの種類など自分仕様にアレンジしていくのは楽しいですが、最初はレシピ通りにつくってみてお菓子の特徴を掴んでください。そうするとぴったりのアレンジ方法が見えてくると思います。

### 4 失敗を恐れずに難しそうでも チャレンジしてみる

レシピを見ていると難しいかも…と思うかもしれませんが、やってみたら意外とうまくつくれた、なんてこともあります。そしてたとえ失敗してもそれは成功への道なので落ち込まずにリベンジしてください。

### 5 お菓子づくりを 楽しむ気持ちを忘れない

このお菓子はどんな味なんだろう？みんな喜んでくれるかな？など考えながらつくると自然と笑みがこぼれてきます。とくに食べてくれる人の笑顔を想像すると、デコレーションにも凝りたくなってくるから不思議です。

## Contents

### 1st Step — Cookie & Tart
**クッキー＆タルト**

### 2nd Step — Cake
**ケーキ**

**本書の使い方**

・卵はLサイズ（約65g）を使用しています。
・小さじ1は5㎖、大さじ1は15㎖です。
・オーブンの温度と焼き時間は目安です。
　メーカーや機種によって差が出るので
　様子を見ながら調整してください。
・電子レンジは600Wのものを使用しています。
　500Wの場合は、加熱時間を1.2倍にして
　様子を見ながら加熱してください。

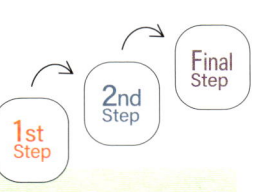

1st Step　2nd Step　Final Step

## *Mitsuomi's Talk*

この本は、初心者の方がお菓子づくりの楽しさを感じられるように構成しています。「**型抜きクッキー**」からつくっていただき、少しずつステップアップをしつつ最終的に「**シャルロット・オ・ポワール**」(P64)までたどり着くと、クッキーやケーキづくりの基礎がある程度できるようになっていると思います。ホップ・ステップ・ジャンプの感覚で、ぜひ順番通りにつくってみてください。お菓子づくりは難しくないと実感できると思います。

# 基本のアイテム

お菓子づくりをするときに、揃えておくと便利な
道具です。わざわざ揃えなくても、家にあるもの
で代用できたらそれで問題ありません。

:01

### 1 ボウル

ステンレス製のものは熱伝導が高いため生クリームを泡立てるときに最適で、汚れ落ちがいいのでお手入れもしやすいです。耐熱ガラス製のものは電子レンジにそのままかけられるので便利。どちらも深めのものが使いやすいです。

### 2 ハンドミキサー

生地やクリームを泡立てるときに使用します。短時間で泡立てることができるので、お菓子づくりが劇的にラクになります。

### 3 カード

生地の分割や生地を平らにならすときや、クリームを絞り袋の先端に寄せたり、ボウルのクリームをこそげるときに使います。ドレッジとも呼ばれます。

### 4 ざる・粉ふるい

粉類をふるいにかけたり、液状の生地をこすときに使用します。ボウルなどに引っかけるためのフックがついていると使いやすいです。

### 5 計量カップ

牛乳などの液体を計ったり加えるときに使用します。サイズが大きいと分量が多いレシピのときでも使いやすいです。

### 6 計量スプーン

フワッと山盛りになるようにすくい、別のスプーンですり切って使います。1/2目盛りがあると便利です。

### 7 計量スケール

"お菓子づくりは計量が命"なので、0.5g単位で量れるデジタルのものが最適です。

### 8 ゴムべら

生地を混ぜたり、練ったり、集めたりするときに使います。力を入れて作業できるよう厚みがあるものの方が使いやすいです。

### 9 泡立て器

少量の泡立てやふんわり混ぜ合わせたいときに使います。ワイヤーが適度にしなるものの方が使いやすいです。

### 10 めん棒

生地を平らにのばすときに活躍します。生地がつきやすいので打ち粉やクッキングシートなどを敷いた上から使用します。

## And more ...

粉糖でデコレーションするときに使う**茶こし**、表面に卵液を塗ったりするときに活躍する**ハケ**、生クリームを塗るときに使う**スパチュラ**、ケーキをデコレーションするときに使用する**回転台**、クリームを絞るときに使う**口金**などもあると便利です。

---

豆知識

## ゴムべらの使い方

生地を混ぜるときに、「切るように混ぜる」「さっくり混ぜる」の2パターンがよく登場します。「切るように混ぜる」はボウルの底に押し当てるようにゴムべらを動かして混ぜ、「さっくり混ぜる」はゴムべらを縦にしてアルファベットのJの字を書くようにボウルの底から生地の上下を返しながら混ぜます。どちらも練らないように気をつけてください。

詳しい
ゴムべらの使い方は
動画をCheck!

# 基本のアイテム

クッキーやケーキをつくる上で必要となってくるのが型。フッ素樹脂加工のものは型離れがよく、汚れも落ちやすいです。最初はパウンド型や丸型あたりを揃えて挑戦してください！

**MEMO**
紙などでつくられている使い捨ての型も販売されています。最初はそれで挑戦するのもいいかもしれません。

:02

# オーブン

家庭用オーブンレンジで問題ないです。お菓子づくりだと、最高温度は250℃程度あれば
OKです。クッキーやケーキなどを焼くときは、しっかりと予熱をしてから焼いてください。
予熱完了までは時間がかかるので、余裕を持っておくことが大事です。オーブンによって
温まり方が異なるため、何度か焼いてオーブンのクセを掴んでいってください。

**1 マフィン型**
紙の型にくらべて熱伝導率が高いので
きれいに焼けます。

**2 タルト型**
サイズや種類が豊富で、大きさによっ
て印象が変わります。

**3 抜き型**
クッキーを焼くときに使います。種類
が豊富です。

**4 シフォンケーキ型**
型から取り出す際にコツがいります。
(→P41を参照)

**5 マドレーヌ型**
貝殻の形のものなど種類が豊富です。

**6 ロールケーキ型**
ロールケーキのスポンジを焼くときに
使います。

**7 丸型**
スポンジケーキやチーズケーキなどを
焼くときに使います。底が取れるもの
と取れないものがあります。

**8 パウンド型**
パウンドケーキ以外にテリーヌやパン
を焼くときにも使えます。

## And more ...

ムースなどをつくるときに使う底が外れる**セルクル・セルクル板**、焼き上がったクッキー
やケーキを冷ますときに使う網の**ケーキクーラー**、クッキーの生地などをのばすときや敷
紙に使える**オーブンシート**などもあると便利です。

**豆知識**

## 敷紙

パウンドケーキなどを型から取り出しやすく
するために使うのが敷紙です。さまざまなサ
イズのものが市販されていますが、オーブン
シートをカットしてもつくれます。パウンド型の
場合は一回り大きめにカットし、型に合わせ
て折り目をつけます。折り目を4カ所カットし、
切り込みを入れた紙の端が外側に来るように
調整して型に敷き込めばOKです。型から浮い
てしまう場合は、型にバターを薄く塗ったり、
生地を少しつけても固定できます。

青のラインをカット

# 基本的な材料

お菓子づくりでは欠かせない定番の材料を集めて
みました。専門店はもちろんですが、普段使用し
ているスーパーでも手に入ると思います。

MEMO
本書は基本、ミネラル豊富
なきび糖を使っています
が、グラニュー糖で代用し
ても問題ありません。

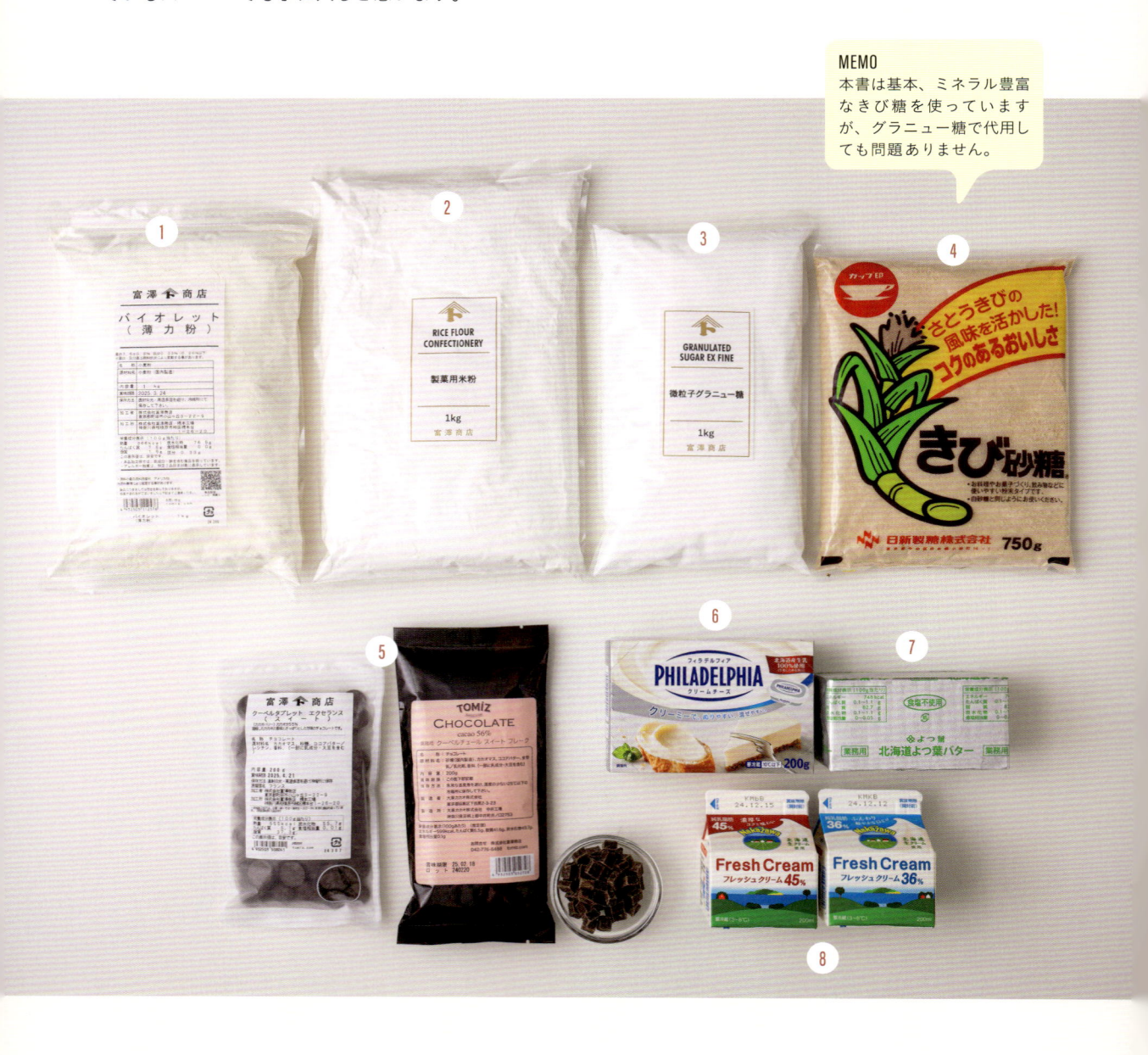

## 1 薄力粉

小麦が原材料の薄力粉はタンパク質の含有量などによって種類が分かれています。この本ではどんなお菓子にもオールマイティに使える「バイオレット」を使用していますが、スーパーで販売されている「フラワー」などを使っても問題ありません。いろいろ試して、お菓子に合わせて薄力粉を使い分けてみてください。

## 2 製菓用米粉

米を粉末にしたもので古くから和菓子用の材料として使用されていましたが、近年、薄力粉の代わりとしても使われています。メーカーによって粒子の細かさなど違いが大きいのが特徴です。お菓子で使用する際は、必ず製菓用を使用してください。粒子が細かいので、使用する前にふるいにかけなくて大丈夫です。

## 3 微粒子グラニュー糖

通常のグラニュー糖より結晶が細かく色んな素材に均等に混ざりやすいのでお菓子づくりに最適です。色がついていないため焼き上がりに影響しないのもポイントです。スーパーで販売されている通常のグラニュー糖でも問題ありません。

## 4 きび糖

さとうきびが原材料の砂糖。グラニュー糖よりカルシウムやカリウムなどのミネラルを多く含んでいます。味は少しコクがあり、まろやかな甘みがあります。色がついているため、色をつけたくないお菓子やクリームには不向きです。

## 5 クーベルチュールチョコレート

製菓用のチョコレートです。お菓子をつくるときに使われ、加工しやすいように粒状やフレーク状にカットされているものもあります。市販の板チョコに比べ、カカオバターの含有率が高く、溶かすとサラサラになります。

## 6 クリームチーズ

チーズケーキなどチーズ系のお菓子に欠かせない材料。クリーミーな口当たりと酸味のある味わいが特徴です。さまざまなメーカーから販売されているので、自分に合った味を見つけてください。料理で使用するものと同じものでOKです。

## 7 無塩バター

お菓子づくりでは必ず食塩不使用バターを使用してください。室温に戻したバターとは、指で押したときに少しヘコむくらいの状態です。室温が低くやわらかくならないときは、耐熱容器に入れて電子レンジのなるべく低いワット数で数秒加熱してください。溶けすぎたものを冷やし固めても元には戻らないので注意しましょう。

## 8 生クリーム

動物性と植物性があり、動物性の方が風味がよく口当たりもよいのが特徴です。脂肪分が20〜35%の低脂肪クリームと脂肪分45〜50%の高脂肪クリームがありますが、低脂肪分の方は口当たりがかるく、高脂肪分の方はコクがあります。お菓子によって向き不向きがありますが、指定がない場合は味の好みで選択してOKです。泡立て方などはP53をチェックしてください。

### And more ...

少量加えると甘い香りが楽しめるバニラをペースト状にした**バニラビーンズペースト**は、**バニラビーンズ**よりお手軽に使用できます。もちろん**バニラエッセンス**でも問題ないです。ガトーショコラなどの表面に振りかける仕上げ用の**粉糖**は溶けないものを使うのがおすすめです。お菓子の表面をコーティングする**コーティングチョコレート**は、溶かすだけで使える優れものですが、生地に混ぜ込んで使用するのには不向きなので注意してください。生地に色づけするときは、**抹茶パウダー**や**食用色素**を使用することもあります。

次のページから
お菓子づくり
スタートです！

# Cookie & Tart
― クッキー & タルト ―

お菓子づくりの基礎ともいえる型抜きクッキーからスタートです。
私も最初につくったのはこのタイプのクッキーでした。
計量さえ間違えなければおいしいクッキーがつくれると思います。
そしてクッキーが焼けるようになると、タルトもつくれるようになります。
なんだか一気に上達した気持ちになりませんか？
たとえ失敗してもコツを掴んだら上達していきます。
お菓子づくりのトビラを一緒に開きましょう。

MEMO
型抜きがうまくできないときは、一度生地を冷やしてから再度挑戦してください。冷えているときれいに抜けます。

**1st Step**

# 型抜きクッキー

**混ぜて型で抜いて焼くだけ。お好きな型で抜いてください。**

**材料** ｜ 5×3.5cmの型26枚分

無塩バター … 60g

きび糖 … 30g

塩 … ひとつまみ

卵黄 … 1個分

薄力粉 … 110g

**下準備**

▶ **5**の前までにオーブンを180℃に予熱する。

▶ バターは室温に戻しておく。

▶ 薄力粉はふるっておく。

**つくり方**

**1** ボウルにバターを入れて形がなくなるまでゴムべらで練る。きび糖、塩を加えてなめらかになるまで混ぜる。

**2** 卵黄を加え、よく混ぜ合わせる。

**3** 薄力粉をふるい入れ、ゴムべらで練らないように混ぜる。ボウルの側面に生地を貼りつけ、それを切り崩すようにしながら混ぜていく。

**4** ラップを広げて、**3**を包む。1cm厚さに四角く整えて、冷蔵庫で30分以上休ませる。

**5** オーブンシートを2枚用意する。冷蔵庫から取り出した**4**の生地を間に挟んで、めん棒で3mmの厚さにのばす。生地を型で抜き、オーブンシートを敷いた天板に並べていく。

**6** 180℃のオーブンで12分焼く。こんがりと焼き色がついたら取り出して、ケーキクーラーにのせて冷ます。

# バターサンド

クッキーにバタークリームをサンドするだけで、また違った顔になります。

## 材料 ｜ 直径8cmのもの6個分

**＊クッキー生地＊**

無塩バター … 60g
きび糖 … 30g
塩 … ひとつまみ
卵黄 … 1個分
薄力粉 … 110g

**＊バタークリーム＊**

卵白 … 60g
グラニュー糖 … 70g
無塩バター … 140g

**MEMO**
フォルムもかわいいので人に
あげると喜ばれるお菓子です。
P19のようにラッピングして
渡してみてください。要冷蔵
なので、保冷剤を忘れずに！

## 下準備

▸ オーブンを180℃に予熱する。
▸ バターは用途別に分けてボウルに入れ、室温に戻しておく。
▸ 薄力粉はふるっておく。

## つくり方

**1**

**＊クッキー生地をつくる＊** P15の1〜
5の要領で〈**クッキー生地をつくる**〉。
180℃のオーブンで12分焼く。こん
がりと焼き色がついたら取り出して、
ケーキクーラーにのせて冷ます。

**2**

**＊バタークリームをつくる＊** 卵白に
グラニュー糖をすべて加え、お湯を
入れたフライパンにボウルの底をつ
けて、50℃になるまで湯煎をしなが
らハンドミキサーで泡立てる。

**3**

50℃になったら湯煎からはずして、
引き続きピンとツノが立つまで泡立
て、つやのあるメレンゲをつくる。

**4**

メレンゲの温度が30℃まで下がった
ら、バターを入れたボウルに3回に
分けて加え、白っぽくふんわりする
までその都度ハンドミキサーでよく
混ぜる。

**5**

**＊仕上げ＊** 1のクッキー1枚に4のク
リームを1/6量のせ、もう1枚のクッ
キーで挟む。同様にあと5個つくる。

# メレンゲクッキー

焼き時間はかかりますがお店の味を自宅で。ギフトにしても喜ばれます。

## 材料 | 直径2cmのもの約50個分

卵白 … 40g
グラニュー糖 … 50g
コーンスターチ … 20g

## 下準備

▶ オーブンを100℃に
  予熱する。

## つくり方

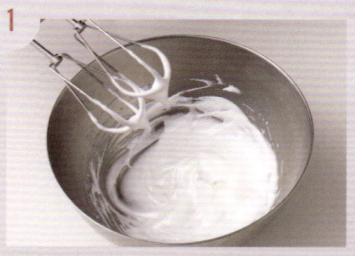

**1** ボウルに卵白を入れ、ハンドミキサーでざっと泡立てる。グラニュー糖を3回に分けて加え、ピンとツノが立つぐらいまで泡立て、しっかりとしたメレンゲをつくる。

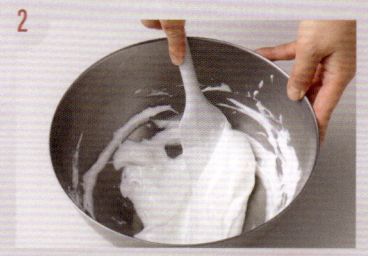

**2** コーンスターチを加え、ゴムべらでさっくりと混ぜ合わせる。

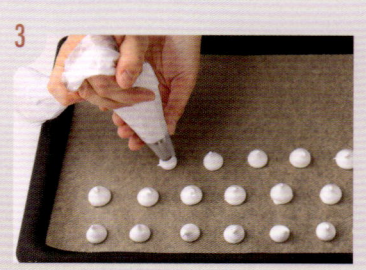

**3** 丸口金をセットした絞り袋に2を入れ、オーブンシートを敷いた天板に直径2cmの大きさになるように絞る。

**4** 100℃のオーブンで100分焼く。表面がカリッとしたら焼き上がり。そのままオーブンの中で冷めるまで置く。

## ラッピング
# 透明の袋に入れるだけで一気に華やかになります

for you

Mitsuomi's
ラッピング

ク ッキーなどの焼き菓子は1回でかなりの量がつ
くれるので、友だちやお世話になっている人に
おすそ分けしたくなりますよね。そんなときに活躍す
るのがラッピング用品です。クッキーなら数枚、パウ
ンドケーキなら1カットを透明のラッピング用袋に入
れるだけでよそ行きの装いに。それにマスキングテー
プやおしゃれな紐でアレンジすると一気に華やかにな
ります。これらの材料は製菓用品専門店はもちろん、
100円ショップなどでも気軽に購入することができま
す。私は最初、箱に入れて渡していたのですが、も
う少し見た目をよくしたいと思うようになり、今の形
になりました。本当にちょっとした手間で雰囲気が変
わるため、誰かにおすそ分けを考えている方はぜひ見
た目にもこだわるといいと思います。ちなみにおすそ
分けをするときは、ポリエチレン製などの使い捨て手
袋を着用してつくると安心です。せっかくのお菓子で
すから、衛生面でもできる限り気をつけたいものです。

製菓用品専門店では、ラッピング用品のセットも販
売されています。以前、それでラッピングしたら「お
しゃれだね」と喜ばれました。バターサンドなど袋
の入り口に油分がつきそうなお菓子は、クッキング
シートなどで包んで袋に入れ、最後にシートだけを
引き抜けば汚さずに入れることができます。

# カップケーキ

子どもに大人気のスイーツ。チョコチップを入れるなど味変も楽しめます。

**材料 | 直径7cmのマフィン型6個分**

卵 … 1個
きび糖 … 70g
牛乳 … 大さじ4
無塩バター … 80g
A 薄力粉 … 100g
　 ココアパウダー … 10g
　 ベーキングパウダー … 小さじ1
　 塩 … ひとつまみ

**下準備**

▶ バターは耐熱容器に入れてラップをかけ、
　電子レンジ600Wで1分加熱して溶かす。
▶ 型にグラシンカップを敷く。
▶ オーブンを180℃に予熱する。

## つくり方

**1**
ボウルに卵を割り入れ、きび糖を加えて泡立て器でよく混ぜる。

**2**
牛乳を加えてさらに混ぜる。

**3**
Aをあわせてふるい入れ、泡立て器でざっと混ぜる。

**4**
溶かしバターを加えてさらに混ぜ、なめらかになったらゴムべらに持ちかえて底から返すように混ぜる。

**5**
均一になったら型に分け入れ、型の底をトントンと5回ほど手で叩いて空気を抜き、180℃のオーブンで25分焼く。

**6**
竹串を刺してどろっとした生地がついてこなければ焼き上がり。型からはずし、ケーキクーラーにのせて冷ます。

ハロウィン
バージョン

材料をすべて半量にして、直径4.5cmのミニマフィン型に流し込み、180℃のオーブンで15分焼く。バタークリームの材料（卵白60g＋グラニュー糖70g＋無塩バター140g）を使って、P17の**2〜4**の要領で**〈バタークリームをつくる〉**。バタークリームを3等分にして、それぞれ食用色素（黒色、紫色、桃色）を少量ずつ加えて混ぜる。星口金をセットした絞り袋を3つ用意し、それぞれにバタークリームを入れてカップケーキの上に絞る。（材料の分量は12個分）

# マドレーヌ

**1st Step**

焼き菓子の定番。チョコをつけるなどアレンジしてもおいしいです。

**材料 | 7×4cmのマドレーヌ型12個分**

無塩バター … 60g
卵 … 1個
きび糖 … 30g
はちみつ … 20g

A | 薄力粉 … 60g
ベーキングパウダー … 1g（小さじ1/4）
塩 … ひとつまみ

**下準備**

▶ バターは耐熱容器に入れてラップをかけ、
電子レンジ600Wで1分加熱して溶かす。
▶ 型に室温に戻した無塩バター（分量外）をハケで塗り、
薄力粉（分量外）を薄くまぶし、
余分な粉をはたいて使うまで冷蔵庫で冷やしておく。
▶ オーブンを180℃に予熱する。

**つくり方**

1 ボウルに卵を割り入れ、きび糖、はちみつを加えて泡立て器でよく混ぜる。

2 Aをあわせてふるい入れ、泡立て器で均一になるまで混ぜる。

3 溶かしバターを加えてさらに混ぜ、なめらかになったらゴムべらに持ちかえて底から返すように混ぜる。

4 型に分け入れ、180℃のオーブンで12分焼く。

5 こんがりとした焼き色がついたら焼き上がり。型からはずし、ケーキクーラーにのせて冷ます。

# フルーツタルト

旬のフルーツでアレンジもできます。フルーツによって印象が変化しますよ。

**材料｜直径18cmのタルト型1台分**

**＊タルト生地＊**
無塩バター … 60g
きび糖 … 20g
卵黄 … 1個分
塩 … ひとつまみ
薄力粉 … 120g

**＊アーモンドクリーム＊**
無塩バター … 50g
きび糖 … 50g
溶き卵 … 50g
アーモンドパウダー … 50g

**＊チーズクリーム＊**
クリームチーズ … 50g
グラニュー糖 … 30g
レモン汁 … 小さじ2
生クリーム … 100㎖

**＊トッピング＊**
シャインマスカット
… 16〜18粒

**下準備**

▶ バターと卵黄、溶き卵は室温に戻しておく。　▶ 薄力粉はふるっておく。
▶ 6の前までにオーブンを180℃に予熱する。

## つくり方

**＊タルト生地をつくる＊**　ボウルにバターを入れ、ゴムべらでなめらかになるまで練る。きび糖と塩を加えて粉っぽさがなくなるまで混ぜたら卵黄を加え、よく混ぜ合わせる。

薄力粉をふるい入れ、ゴムべらで練らないように混ぜる。ボウルの側面に生地を貼りつけ、それを切り崩すようにしながら混ぜていく。

ひとまとまりになったらラップで包み、厚さ1cmの円盤型に整え、冷蔵庫で30分以上休ませる。

**＊アーモンドクリームをつくる＊**　ボウルにバターを入れてゴムべらで練り、きび糖を加えて泡立て器で混ぜる。溶き卵を5〜6回に分けて加え、その都度混ぜる。途中で分離しそうになったら、分量のアーモンドパウダーから大さじ2程度を加えて混ぜる。

アーモンドパウダーをふるい入れ、ゴムべらで混ぜる。

**＊生地を焼く＊**　オーブンシートを2枚用意し、冷蔵庫から取り出した3の生地を間に挟んで、めん棒で型よりひとまわり大きい円形にのばす。

**MEMO**
一見難しそうですが、タルト生地はクッキーのつくり方と基本変わらないのでチャレンジしてみてください！

**7**

上のオーブンシートをはずして裏返して型にのせ、オーブンシートをはずし、生地を角に押し込みながら一周する。めん棒を型の上にのせて転がし、余分な生地を切り落とす。人差し指と親指を使って側面を型に押しつけ、フォークで穴を開ける。

**8**

5のアーモンドクリームを入れ、表面を平らにならし、180℃のオーブンで30分焼く。こんがりと焼けたら取り出し、型からはずして冷ます。

**9**

＊チーズクリームをつくる＊　ボウルにクリームチーズを入れてゴムべらでやわらかく練り、グラニュー糖を加えて混ぜる。レモン汁を加えてさらに混ぜる。

**10**

生クリームを少しずつ加えて泡立て器で混ぜ、絞れるかたさにする。

**11**

半量はスプーンでタルトの上にのせて、平らにならす。残りのクリームは丸口金をセットした絞り袋に入れ、タルトのふちに一周絞る。

**12**

半分に切ったマスカットを並べ、あればナパージュ（上がけ用ゼリー）を塗る。

# 生チョコタルト

濃厚で程よい甘さのタルト。タルトも型の大きさで印象が変わります。

## 材料｜直径7cmのタルトレット型8個分

**\*タルト生地\***
無塩バター … 60g
きび糖 … 20g
塩 … ひとつまみ
卵黄 … 1個分

**A**｜薄力粉 … 90g
　　ココアパウダー … 15g

**\*ガナッシュ\***
生クリーム（45%）… 100ml
製菓用チョコレート（ビター65%・フレークタイプ）… 60g

## 下準備

▶ **2**の前までにオーブンを170℃に予熱する。
▶ バターは室温に戻しておく。
▶ **A**はふるっておく。

## つくり方

**1**

**\*タルト生地をつくる\*** P24の**1〜3**の要領で〈**タルト生地をつくる**〉。**2**の薄力粉のところは**A**を入れる。

**2**

**\*生地を焼く\*** P24の**6〜7**の要領で〈**生地を焼く**〉。**6**の円形にのばすところは、タルト型が6枚抜ける程度の大きさ（16×24cm程度）にのばし、直径8cmの菊型で6枚分抜く。残りの生地をまとめてのばし、菊型で2枚抜く。

**3**

170℃のオーブンで20分焼き、型のまま冷ます（完全に冷めてなくてOK）。

**4**

**\*ガナッシュをつくる\*** 小鍋に生クリームを入れて沸騰直前まで温め、チョコレートを入れたボウルに注いで、1分ほどおく。

**5**

チョコレートが溶けてきたら、泡立て器で空気を入れないようにぐるぐる混ぜる。

**6**

全体が均一になったら**3**のタルトに流し入れ、表面を平らにならして冷蔵庫で3時間以上冷やす。完全にかたまったら型からはずす。

**1st Step**

# ベイクドチーズタルト

ひと晩おくと味がなじんでおいしくなります。2日目も楽しみにしてください。

**材料｜直径18cmのタルト型1台分**

**＊タルト生地＊**
無塩バター … 60g
きび糖 … 20g
卵黄 … 1個分
塩 … ひとつまみ
薄力粉　120g

**＊アパレイユ＊**
クリームチーズ … 100g
グラニュー糖 … 50g
卵 … 1個
生クリーム … 100mℓ
レモン汁 … 小さじ1
バニラビーンズペースト … 少々
薄力粉 … 5g

**＊トッピング＊**
サワークリーム … 70g（約90mℓ）
グラニュー糖 … 5g

> **MEMO**
> トッピングのクリームを生クリームにして、フルーツを飾るなどアレンジしてもおいしいです。

**下準備**

▸ バターと卵黄は室温に、**3**の前までにクリームチーズと卵は室温に戻しておく。

▸ 薄力粉はふるっておく。

▸ **2**の前までにオーブンを180℃に予熱する。また、**5**の前までにオーブンを170℃に予熱する。

**つくり方**

**1** ＊タルト生地をつくる＊　P24の**1～3**の要領で〈**タルト生地をつくる**〉。

**2** ＊生地を焼く＊　P24の**6～7**の要領で〈**生地を焼く**〉。180℃のオーブンで15分焼く。

**3** ＊アパレイユをつくる＊　クリームチーズをボウルに入れてゴムべらでやわらかく練る。

**4** グラニュー糖、卵、生クリーム、レモン汁、バニラビーンズペースト、薄力粉を順に加え、その都度泡立て器で空気を入れないように静かに混ぜる。

**5** **2**のタルトに流し入れ、表面を平らにならして170℃のオーブンで40分焼く。全体に色づいたら取り出し、型からはずして冷ます。

**6** ＊トッピング＊　耐熱容器にサワークリームを入れ、電子レンジ600Wで30秒温める。グラニュー糖を加えてなめらかになるまで混ぜたらチーズタルトの上に塗り広げ、冷蔵庫で1時間以上冷やす。

レシピ通りつくれば
失敗はない…はずです

# お菓子づくりは
# 失敗の連続だけどおもしろい

お菓子づくりの基礎が詰まっていて比較的に簡単と言われるクッキーやタルトですが、それでも最初は失敗しました。その大きな理由は計量をきちんとしなかったこと。料理感覚でおおよその分量でつくっていたら、焦げてしまったり、分離したりと散々で。子どもたちのためにと思ってつくった"アンパンマンクッキー"が、見る影もない状態になってしまったのは忘れられない思い出です。

その後、しばらく時間をおいて再び「型抜きクッキー」に挑戦したのですが、そのとき心に決めたのは、「レシピ通りにつくってみよう」ということ。そうやってできたクッキーは焼き色もきれいにつき、サクッとした食感で、以前つくったものとは比べものにならないほどのものでした。やはりお菓子づくりは"計量が命"なんです。そのときのクッキーのおいしさは今でも覚えています。

クッキーが焼けるようになってからは、「生チョコタルト」にチャレンジしました。今回は小さいタルト型を使っていますが、最初は「フルーツタルト」で使用している大きな型でつくりました。そしてその「生チョコタルト」が劇的においしくて、スイーツの魅力にハマっていきました。

タルトがつくれるようになってからはレパートリーの幅も広がっていったような気がします。なかでも「フルーツタルト」はシャイン

So Fun!!

**Mitsuomi's Talk 01**

## *Mitsuomi* の失敗の歴史

マスカットをはじめ、さくらんぼや夕張メロンなどフルーツを変えていろいろつくりました。そうやって自分なりにアレンジするのが楽しいんですよ。この辺りから、お菓子づくりの楽しさが分かってきた気がします。

そして何よりもうれしかったのが、子どもたちが「次は何をつくってくれるの?」と尋ねてきたり、スーパーで果物売り場に行くと、「これでケーキをつくって」とリクエストをくれるようになったこと。私のお菓子づくりを喜んでくれる人がいることに感動しました。

そんなお菓子づくりの楽しさと喜びを教えてくれたクッキーやケーキ。クッキーを失敗したときにやめなくてよかったなと思います。

初めてつくった"アンパンマンクッキー"は"焦げパンマン"になってしまったのですが、実はそこまで大きくないけれどほかにも失敗はたくさんしています。たとえばプリンがきちんと蒸されずに液体のままだったり、生クリームがボソボソになってしまったり…。これらはレシピ通りの時間や分量を守ったら失敗せずにつくれるようになっていったのですが、意外と多いのは(失敗と言うと大げさですが)道具の使い方のミス。これは笑えます。

たとえば、底が抜けるタイプのタルト型を使っていて、底を片手で持って型から抜いたら側面が腕輪のようになって取れなくなってしまい、なんともカッコつかない状態になってしまったこともありました。今では、底にお皿など高さがあるものを置いて押し下げればいいことを知り、こんな単純なことをなんで気づかなかったんだ、なんて思ったりもしますが、そういった小さな気づきもお菓子づくりの楽しみのひとつになっています。これからも色んな失敗をして、少しずつ自分で修正していけたらと思っています。

きれいに
焼けるといいな

こんな簡単な方法が
あったなんて…

# Cake
― ケーキ ―

混ぜて焼くだけのパウンドケーキや
冷やしてかためるだけのレアチーズケーキなど
難しいテクニックはいらない、
シンプルな定番のケーキの登場です。
どれも思い入れがあるものばかりですが、
とくに印象的なのはシフォンケーキ。
初めてつくったときに、生地がフワフワと
膨らんでいく様子を見て感動を覚えました。
あの感動をみなさんも味わってほしいです。
クッキーやタルトとはまた違う、
バリエーションの広さもこの章ならでは。
ケーキづくりを楽しんでください。

**2nd Step**

# バナナパウンドケーキ

熟したバナナの方が甘みが引き立ち、おいしく仕上がります。

**MEMO**
混ぜて焼くだけなので、失敗が少ないお菓子。くるみの代わりにレーズンを入れたり、チョコチップを加えたりなどアレンジしやすいのも特徴です。

**材料** | 18×7×高さ6cmのパウンド型1台分

バナナ … 大3本（約300g）
卵 … 1個
きび糖 … 50g
牛乳 … 大さじ2
米油 … 50g

**A** | 薄力粉 … 150g
ベーキングパウダー … 小さじ1
くるみ（ローストしたもの）… 40g

**下準備**

▶ 型に敷紙を敷く。 ▶ オーブンを180℃に予熱する。
▶ バナナは皮をむいて150gを生地用に、残りを飾り用に10枚ほど輪切りにする。
▶ くるみは粗くきざんでおく。

**つくり方**

1 ボウルに生地用のバナナ150gを入れて、フォークで粗くつぶす。

2 1のボウルに卵を割り入れ、きび糖を加えて泡立て器で混ぜる。牛乳、米油を順に加えてさらに混ぜ合わせる。

3 Aを合わせてふるい入れ、ゴムべらで若干粉っぽさが残る程度までさっくりと混ぜたら、きざんだくるみを加えて、さらに混ぜる。

4 均一になったら型に流し入れる。型を10cmの高さから2～3回落として空気を抜き、表面をならす。飾り用のバナナをのせ、軽く押さえる。

5 180℃のオーブンで40分焼く。焼き始めて10分経ったところでオーブンを開けて、中央にナイフで浅く切り込みを入れ、さらに30分焼く。

6 竹串を刺してみて、どろっとした生地がついてこなければ焼き上がり。型からはずし、ケーキクーラーにのせて冷ます。

# レアチーズケーキ

**2nd Step**

爽やかな風味が人気のお菓子です。オーブンを使わずにつくれます。

## 材料 | 直径15㎝の底が取れる丸型1台分

**＊土台＊**
ビスケット … 70g
無塩バター … 40g
**＊チーズ生地＊**
クリームチーズ … 200g

きび糖 … 40g
生クリーム … 200㎖
レモン汁 … 小さじ2
粉ゼラチン … 5g
水 … 大さじ2

## 下準備

▶ バターは耐熱容器に入れてラップをかけ、電子レンジ600Wで1分加熱して溶かす。
▶ 耐熱容器に水を入れ、粉ゼラチンをふり入れてふやかしておく。
▶ クリームチーズは室温に戻しておく。

## つくり方

**1**

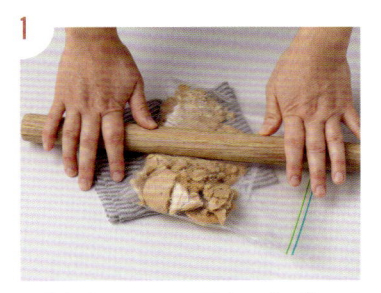

**＊土台をつくる＊** 厚手のポリ袋にビスケットを入れ、めん棒などで細かく砕く。溶かしバターを入れてよくもんでなじませる。

**2**

型に入れ、ラップをかけた上からコップの底などでしっかり押さえて敷き詰める。ラップをかけたまま使うまで冷蔵庫で冷やしておく。

**3**

**＊チーズ生地をつくる＊** ボウルにクリームチーズを入れてゴムべらでやわらかく練る。

**4**

きび糖、生クリーム、レモン汁を入れて泡立て器で混ぜる。

**5**

ふやかしておいたゼラチンは、電子レンジ600Wで30秒加熱して溶かす。**4**にゼラチンを加え、だまにならないように手早く混ぜる。

**6**

**2**の型に**5**を流し入れ、冷蔵庫で3時間以上冷やしかためる。しっかりかたまったら型からはずす。

# チョコレートムース

**2nd Step**

丸型もかわいいですが、パウンド型を使うと大人っぽい雰囲気になります。

**材料** | 18×7×高さ6cmのパウンド型1台分

生クリーム … 200㎖
牛乳 … 250㎖
製菓用チョコレート（スイート56%・フレークタイプ）… 100g
粉ゼラチン … 10g
水 … 大さじ4
ココアパウダー … 適量

**下準備**

▶ 容器に水を入れ、粉ゼラチンをふり入れてふやかしておく。

**つくり方**

**1**

ボウルに生クリームを入れ、ボウルの底を氷水にあてながらハンドミキサーで泡立て、7分立てにする。

**2**

小鍋に牛乳を入れて中火で熱し、沸騰直前まで温める。

**3**

別のボウルにチョコレートを入れ、**2**とふやかしておいたゼラチンを加えて1分ほどおく。

**4**

泡立て器でぐるぐる混ぜ、チョコレートが完全に溶けてなめらかになったらボウルの底を氷水にあてて冷やす。とろみがついたら**1**を加えてやわらかく混ぜる。

**5**

ゴムべらに持ちかえて均一になるまで混ぜ、型に流し入れる。冷蔵庫で3時間以上冷やしかためる。

**6**

型に沿ってペティナイフを入れ、ひっくり返して型から取り出し、茶こしでココアパウダーをふる。

### 2nd Step シフォンケーキ

やわらかく仕上げるには、卵白をとにかくしっかり混ぜて
フワフワのメレンゲをつくるのが大事。ハンドミキサーに頼りましょう。

**材料｜直径17cmのシフォン型1台分**

卵黄 … 4個分

きび糖 … 30g＋40g

米油 … 30g

水 … 40g

A｜薄力粉 … 80g
　　アールグレイ茶葉（粉末）… 5g

卵白 … 4個分

**下準備**

▸ 卵白は使う直前まで冷やしておく。

▸ オーブンを180℃に予熱する。

## つくり方

**1**

ボウルに卵黄、きび糖30gを入れ、白っぽくもったりするまでハンドミキサーで混ぜる。

**2**

米油を少しずつ加えながら混ぜ、水も加えてさらに混ぜ合わせる。

**3**

Aを合わせてふるい入れ、粉っぽさがなくなるまで泡立て器で混ぜる。

**4**

別のボウルで卵白をほぐし、きび糖40gを3〜4回に分けて加えながら、ツノが立つまでハンドミキサーで泡立てメレンゲをつくる。

**5**

3に4のメレンゲをひとすくい加え、泡立て器で混ぜ合わせる。

**6**

残りのメレンゲを半量ずつ加え、泡立て器で下からすくいあげるようにさっくりと混ぜ合わせる。最後はゴムべらに持ちかえてさっくり混ぜる。

**7**

型に流し入れ、型を回しながら表面を平らにし、180℃のオーブンで35分焼く。

**8**

焼き上がったらひっくり返し、逆さまにして冷ます。冷めたら型からはずす。好みで、きび糖（分量外）を加えてゆるく泡立てた生クリーム（分量外）を添え、粉砂糖（分量外）をふる。

**MEMO**

型の真ん中の穴に細い瓶をさすと逆さまにしたまま冷ますことができます。生地が台などに触れなければOKです。

## 2nd Step ティラミス

P64で登場するビスキュイを下地にするとより本格的な仕上がりに。

**材料｜22×14cmの楕円形グラタン皿1個分**

フィンガービスケット … 9～10本
インスタントコーヒー … 7g
熱湯 … 100mℓ
＊マスカルポーネクリーム＊
卵黄 … 2個分
きび糖 … 70g
マスカルポーネチーズ … 200g
生クリーム … 200mℓ
ココアパウダー … 適量

**下準備**

▶ インスタントコーヒーは熱湯で溶き、コーヒー液をつくる。

**つくり方**

**1**
グラタン皿にフィンガービスケットを敷き詰め、コーヒー液を全体にかけて染み込ませる。

**2**
＊マスカルポーネクリームをつくる＊
ボウルに卵黄を入れて泡立て器でほぐし、きび糖を加えてなじむまですり混ぜる。

**3**
マスカルポーネチーズを加えて混ぜる。

**4**
別のボウルに生クリームを入れ、ボウルの底を氷水にあてながらハンドミキサーで泡立て、8分立てにする。

**5**
3のボウルに4の生クリームを加えて泡立て器で軽く混ぜる。

**6**
1に5を流し入れ、表面をならす。冷蔵庫で30分以上冷やしてなじませたら、茶こしでココアパウダーをふる。

### カスタード研究
# カスタードクリームをつくれるとレパートリーが増えます

意外と難しいと思われているカスタードクリーム。私はお菓子づくりを始めたころから、一度は挑戦したいと思っていました。それも鍋で煮てつくるカスタードクリームってどこか難しそうな雰囲気が漂っているんですよ。でもつくってみたら意外と失敗せず、とにかくおいしかった。自分がつくったというひいき目もありますが、市販のものをかなり超えてきました（笑）。自分でつくったものはこんなにおいしいのだと改めて感じた思い出です。

コツとしては、やはりレシピ通りにつくることです。唯一、難しいと思ったのは鍋で加熱する部分の最後ですが、急にゴムべらの手応えが変わりさらさらになるので、その感覚を信じてつくってみてください。ちなみに少量だと電子レンジでもつくれるので参考にしてください。鍋の方が素材の味が濃縮されているような濃厚なクリームになります。

カスタードクリームを自分でつくれるようになったら、これまでつくったタルトのクリームをカスタードクリームに変えたりとアレンジが無限大に広がっていきます。ぜひ挑戦していただきたいです。そして今回は子どもたちにエクレアのチョコがけを手伝ってもらいました。カスタードクリームを一口ほしいと言われてしまいますが、一緒につくると楽しさが広がります。

**材料 | 約280g分**

牛乳 … 200㎖
卵黄 … 2個分
きび糖 … 50g
薄力粉 … 20g
無塩バター … 10g
バニラビーンズ … 1/3本
　（バニラビーンズペースト適量でもOK）

**鍋**
でつくる

**下準備**
▶ バニラビーンズのさやに縦に切り込み
を入れて裂き、中の種をこそげ取る。

**つくり方**

**1** 小鍋に牛乳、バニラビーンズの
さやと種を入れて中火にかけ、
沸騰直前まで温める。

**2** ボウルに卵黄を入れて泡立て器
でほぐし、きび糖を一度に加え
て白っぽくなるまで混ぜる。

**3** 薄力粉をふるい入れて軽く混ぜ、
1を少しずつ加えて溶きのばす。

**4** こし器でこして小鍋に戻す。中
火にかけ、ゴムべらで絶えず混
ぜながら煮る。とろみがつき、
沸騰して鍋底からぷくぷくと沸
いてきたら、2〜3分後に火から
おろす（クリームにつやが出て、
ゴムべらですくったときにさら
さらと落ちるようになればOK）。

**5** すぐにバターを加えて混ぜて溶
かし、バットに広げてラップを
表面にぴったりと密着させ、氷
水にあてて急冷する（底を氷水に
あて、ラップの上に保冷剤をの
せるとよい）。粗熱がとれたら冷
蔵庫で冷やす。

# カスタードクリーム

**鍋でつくった方が濃厚な味わいに
なります。少量の場合はレンジで
つくるとラクです。**

**材料 | 約280g分**

卵黄 … 2個分
きび糖 … 50g
薄力粉 … 20g
牛乳 … 200㎖
無塩バター … 10g
バニラビーンズペースト
　… 適量（バニラビーンズ1/3本でもOK）

**レンジ**
でつくる

**つくり方**

**1** 耐熱ボウルに卵黄を入れて泡立
て器でほぐし、きび糖を一度に
加えて白っぽくなるまで混ぜる。

**2** 薄力粉をふるい入れて軽く混ぜ、
牛乳を少しずつ加えて溶きのば
す。

**3** ラップをせずに電子レンジ600W
で3分加熱する。いったん取り出
して泡立て器で手早く混ぜ、な
めらかになったら再び電子レン
ジ600Wで1分加熱して取り出し
て混ぜ、さらに電子レンジ600W
で1分加熱してなめらかになる
まで混ぜる。

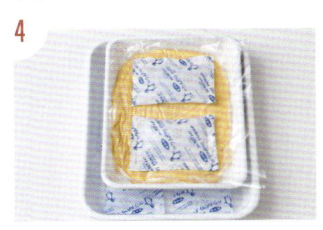

**4** 手早くバター、バニラビーンズ
ペーストを加えて混ぜて溶かし、
バットに広げてラップを表面に
ぴったりと密着させ、氷水にあ
てて急冷する。粗熱がとれたら
冷蔵庫で冷やす。

**custard cream recipe**

# シュークリーム

しっかりと焼けたシューは、ナイフで優しくカットしてください。

## 材料 | 直径7cmのもの10個分

**＊シュー生地＊**
水 … 50㎖
牛乳 … 50㎖
無塩バター … 40g
塩 … ひとつまみ
きび糖 … 小さじ1

薄力粉 … 60g
卵 … 2個（120g前後）
**＊クリーム＊**
カスタードクリーム … 280g
生クリーム … 100㎖

## 下準備

▶ オーブンを200℃に予熱する。
▶ 天板にオーブンシートを敷く。
▶ バターは1cm角に切っておく。
▶ 薄力粉はふるっておく。
▶ 卵はよく溶き、生地用（110g）と調整用＋塗り用（残り）に分けて室温に戻しておく。

## つくり方

**1** **＊シュー生地をつくる＊** 鍋に水、牛乳、バター、塩、きび糖を入れて中火にかけ、ぐらぐらと沸騰したら火を止めて薄力粉を一気に加える。粉っぽさがなくなり、鍋底に薄く膜がはるまでゴムべらで手早く混ぜる（粉を入れて5〜10秒）。

**2** ボウルに生地を移し、生地用の卵を3回に分けて加え、その都度ハンドミキサーでしっかり混ぜる。

**3** ゴムべらに持ちかえて、生地がかたいようなら調整用の卵を加えて混ぜる。生地につやが出て、ゴムべらですくった生地が3秒くらいでゆっくりと落ち、落ちた後のゴムべらに高さ10cmほどの三角形ができたらOK。

**4** 丸口金（直径10mm）をセットした絞り袋に生地を入れ、口金を天板から1cmぐらい浮かせた状態で固定し、直径5〜6cm程度の大きさでこんもりと10個絞り出す。

**5** ハケで卵を塗り、霧吹きをして、200℃のオーブンで20分焼く。膨らんで色付き始めたら180℃に下げて、さらに15〜20分焼く。亀裂部分にも焼き色がついて全体にこんがりしたら焼き上がり。すぐにオーブンシートをはがしケーキクーラーにのせて冷ます。

**6** **＊クリームをつくる＊** P45の要領で〈**カスタードクリームをつくる**〉。ボウルに入れてゴムべらでやわらかくほぐす。別のボウルに生クリームを入れ、ボウルの底を氷水にあてながら泡立てて9分立てにし、カスタードクリームに2〜3回に分けて加えて混ぜる。

**7** **＊組み立てる＊** **5**のシューが完全に冷めたら、シューの上部1/3くらいのところを切り、星口金をセットした絞り袋に**6**のクリームを入れて絞り、シューの上部をのせる。あれば粉砂糖（分量外）をふる。

## エクレア

**custard cream recipe**

子どもにチョコがけを手伝ってもらって、一緒につくっても楽しいです。

**材料｜長さ12㎝のもの10個分**

| ＊シュー生地＊ | 卵 … 2個（120g前後） |
|---|---|
| 水 … 50㎖ | ＊クリーム＊ |
| 牛乳 … 50㎖ | カスタードクリーム … 280g |
| 無塩バター … 40g | 生クリーム … 100㎖ |
| 塩 … ひとつまみ | ＊コーティングチョコレート＊ |
| きび糖 … 小さじ1 | コーティングチョコレート（ビター）… 150g |
| 薄力粉 … 60g | |

**下準備**

▶ オーブンを200℃に予熱する。 ▶ 天板にオーブンシートを敷く。 ▶ バターは1㎝角に切っておく。
▶ 薄力粉はふるっておく。 ▶ 卵はよく溶き、生地用（110g）と調整用＋塗り用（残り）に分けて室温に戻しておく。

**つくり方**

**＊シュー生地をつくる＊** P46の1〜5の要領で〈シュー生地をつくる〉。生地は、丸口金（直径10㎜）をセットした絞り袋に入れ、口金を天板から1㎝ぐらい浮かせた状態で固定し長さ10㎝の棒状に10本絞り出す。一度では生地量が足りないので2〜3度重ねて幅と高さを出す。

**＊クリームをつくる＊** P46の6の要領で〈クリームをつくる〉。

**＊組み立てる＊** 1のシューが完全に冷めたら、シューの上部1/3くらいのところを切り、星口金をセットした絞り袋に2のクリームを入れ絞る。ボウルにチョコレートを入れて50〜60℃の湯せんで溶かし、シューの上部を手で持ちチョコレートにくぐらせ、上にのせる。

**custard cream recipe**

# カスタードプリン
オーブン、生地、お湯の温度が低いとかたまらない可能性があります。

**材料** │ 130mlのプリン型 4 個分

**＊プリン液＊**
牛乳 … 250ml
グラニュー糖 … 50g
卵 … 3 個

**＊カラメルソース＊**
グラニュー糖 … 40g
水 … 大さじ1
熱湯 … 大さじ1

**下準備**
▶ オーブンを150℃に予熱する。
▶ 湯せん焼き用に 60℃の湯を用意する。

**つくり方**

**1**

**＊カラメルソースをつくる＊** 小鍋にグラニュー糖、水を入れて中火にかけ、ときどき鍋を回しながら溶かす。均一なキャラメル色になったら火を止め、熱湯を注ぐ。

**2**

カラメルソースがかたまらないうちにプリン型に流して冷ます。

**3**

**＊プリン液をつくる＊** 小鍋に牛乳、グラニュー糖の半量を加えて中火にかけ、沸騰直前まで温める。

**4**

ボウルに卵を入れて泡立て器でほぐし、残りのグラニュー糖を加えて空気を入れないようにすり混ぜる。

**5**

3 を少しずつ加えて溶きのばし、茶こしでこしながら 2 の型に流し入れ、表面の泡を取り除く（生地の温度は約30℃程度をキープする）。

**6**

バットにペーパータオルを敷いて 5 を並べ、型の1/3くらいの高さまで60℃の湯を入れる。天板にのせ、150℃のオーブンで 30 分焼く。オーブンから取り出し、粗熱がとれたら冷蔵庫で冷やす。

焼き加減は
気をつけて

# 素朴な見た目のケーキたちは
# 簡単なつくり方なのに感動します

クッキーやタルトとはまた違った感動を与えてくれるケーキですが、ここで登場するケーキはどこか素朴なものばかり。「バナナパウンドケーキ」はずっしり感があって、洗練されてはいないけれど魅力的です。実はおすそ分けにも人気で、私も大好きなお菓子です。

「チョコレートムース」は、姪っ子からのリクエストで初めてつくりました。薄力粉を使わない簡単なもの…と選んだのですが、思っていた以上に簡単にできて失敗が少ない。そして姪っ子からは「そのまま全部食べたい」と言われるほど好評で、とてもうれしかったのを覚えています。

「シフォンケーキ」はお菓子づくりを始めて間もないころにつくりました。当時はハンドミキサーを持っていなかったので、メレンゲをつくるために卵白を泡立て器で必死に混ぜていて。あのときは「これはトレーニング」と自分に言い聞かせながら混ぜましたが、本当にしんどかった（笑）。その甲斐あってか、フワフワのシフォンケーキになりましたが、あれ以降、ハンドミキサーを導入することに。そのおかげでシフォンケーキをつくるのが格段にラクになりました。

この章の終わりに「カスタード研究」と題して、ずっと教わりたかったカスタードクリームを監修の森崎先生と共につくっています。鍋でつくったことはあったのですが、改めて教わりながらつくると発見が多かったです。とくに最後の工程のカスタードクリームを急冷するところは、上下に保冷剤を使用することで一気に冷やせることを知りました。こんな身近なものを活用するなんて…。氷水の代わりに保冷剤を使えることを知り、これからは活用しようと思っています。

Good
Luck!!

混ぜるときは
トレーニングだと思って

# Special Cake
## ― 特別なケーキ ―

誕生日やクリスマスといった特別な日に食べたくなるのがケーキ。
ここには食べたらスペシャルな気持ちになるようなケーキが揃っています。
そしてラストは、お菓子づくりを始めたときからいつかつくってみたいと
思っていたいわば"ラスボス"的なシャルロット・オ・ポワールが登場します。
フランスの伝統菓子らしく手が込んでいて、一見難しそうに見えますが、
ここまでたどり着いたみなさんならきっと問題なくつくれると思います。
達成感を感じられると思うのでぜひチャレンジしてください。

## 生クリームの絞り方
# 生クリームを上手に絞れるとスイーツが映えます

シ　ョートケーキなど生クリームを使ったケーキをつくる際に知っておきたいのが生クリームの扱い方。絞り方ひとつで印象はガラッと変わりますし、そのためには正しい泡立て方を知っておきたいところです。

　私も初めのころは、生クリームの扱いにかなり苦戦しました。8分立てとレシピに書いているけれど、どれくらい泡立てるのが正解なのか分からなかったり、絞り袋への入れ方が分からず手が生クリームだらけになったりと、SNSには載せていない失敗も多かったです。でもおもしろいのが、生クリームに関しては経験がすごく生かされるところ。やれば上達していくというか、自分の成長が出来栄えに反映されるんですよ。とくに絞り方に関しては、やっていくうちにコツを掴めると思います。ぜひ失敗を恐れず挑戦してください。

　生クリームを使ったケーキをつくれるようになると、どこかステップアップしたような感覚になると思います。「私もここまできたか〜」みたいな気分になるというか、焼き菓子とはまた違った領域に入った感じがします。スイーツづくりを始めたからには、その気持ちをぜひ味わってもらいたいです。

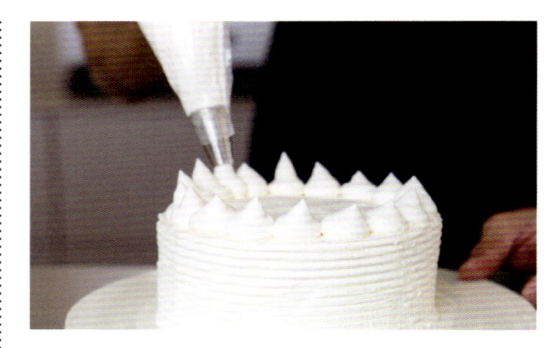

## 泡立て方

生クリームは、低脂肪タイプ（35％）と高脂肪タイプ（45％）のものをよく見かけますが、絞るときは35％だとゆるく、塗るには45％だとボソボソになりやすく慣れていないと難しいです。大量に使用する場合は、40％になるように2つ足して使うことをおすすめします。泡立てるときは、氷や保冷剤と水を入れたボウルを底にあてて温度を上げないようにするのがコツ。また P54のように手前の一部分だけ泡立てることもあります。

### 6分立て
全体的にとろみがついて、泡立て器ですくうと流れ落ちるくらいのかたさです。

### 7分立て
泡立て器ですくうとふんわりと持ち上がりますが、すぐに落ちていきます。

### 8分立て
泡立て器ですくうとしっかりとすくうことができ、先端はやわらかくおじぎする状態です。

詳しい泡立て方は
動画をCheck！

星口金
ポッシュ絞り

丸口金
ドット絞り

星口金
らせん絞り

星口金
つなぎ絞り

## 絞り方

口金は丸や星が使いやすいです。丸口金と星口金の基本となる絞り方は、口金を垂直に立てて一気に力を入れて出すのがコツです。星口金のらせん絞りは、口金を少し寝かせて同じリズムになるように「の」の字を書くように絞り、星口金のつなぎ絞りは、少し先を動かして波を打つように絞っていくと上手く絞れます。生クリームは、温度が上がるとダレるので、持っている手で温めないようにしましょう。

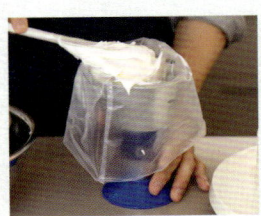

### 絞り袋への入れ方
絞り袋に口金をセットしたら、コップのようなものに絞り袋を入れて、口を半分に折り返してクリームを入れていきましょう。絞り袋を固定することで両手が使えます。

### カードで押し込む
カードを使用して、空気が入らないようにクリームを下に集めます。袋の口をねじって利き手の人差し指と親指の間でしっかりと挟み、反対の手は口金に添える形で絞ります。

詳しい絞り袋の使い方は
動画をCheck！

# クリスマスショートケーキ

**クリスマスだけではなく誕生日や記念日にも活躍する定番ケーキ。**

**材料 ｜ 直径15cmの丸型1台分**

| *スポンジ* | *デコレーション* |
|---|---|
| 卵 … 2個 | いちご … 1パック |
| きび糖 … 60g | 生クリーム … 200ml |
| 薄力粉 … 60g | きび糖 … 15g |
| 無塩バター … 10g | ナパージュ（上がけ用ゼリー）… 適量 |
| 牛乳 … 10ml | |
| | *シロップ* |
| | きび糖 … 大さじ1 |
| | 水 … 大さじ2 |

**下準備**

▶ 型に敷紙を敷く。 ▶ オーブンを180℃に予熱する。
▶ バターと牛乳をボウルに入れて、60℃の湯せんで溶かす。
▶ シロップの材料は耐熱容器に入れ、電子レンジ600Wで30秒加熱してひと混ぜし、粗熱をとる。

**つくり方**

**1**

*スポンジを焼く* ボウルに卵を割り、きび糖を加えて、湯せんしながらハンドミキサーで混ぜる。

**2**

人肌に温まったら、湯せんからはずしてハンドミキサーで高速で泡立てる。白くもったりとしてミキサーのハネで描いた線がしっかりと残るくらいになったら、低速でキメを整える。

**3**

薄力粉をふるい入れ、ゴムべらで底からすくって返すようにしながら手早く混ぜる。バターを加えた牛乳をゴムべらに伝わせながら加え、均一になるまで混ぜる。

**4**

型に一気に生地を流し入れ、型を10cmの高さから2〜3回落として空気を抜き、180℃のオーブンで20〜25分焼く。焼き上がったら20cmほどの高さから落とし、型からはずしてケーキクーラーにのせて冷ます。

**5**

*デコレーションする* いちごは飾り用に半量を取り分け、残りはスライスしてペーパータオルで水気をふき取る。

**6**

生クリームにきび糖を加え、氷水にあてながらハンドミキサーで泡立て、8分立てより少しゆるめに仕上げる。さらに1カ所をハンドミキサーで泡立てて8分立てにする（ボウル内に8分立てよりゆるいものと8分立てが混在していてOK）。

**Merry Christmas**

**7**

スポンジを厚さ半分に切る。スポンジ1枚の断面にシロップを叩くように塗り、8分立てのクリームをひとすくいのせ、スパチュラで広げる。スライスしたいちごをのせ、8分立てのクリームをひとすくいのせて広げる。

**8**

スポンジの焼き色がついた面に残りのシロップの半量を塗り、その面を下にしてのせて手で押さえる。スポンジの表面にシロップを塗り、8分立てのクリームをひとすくいのせて広げる。スパチュラを側面にあてて、横に落ちたクリームを薄く下塗りする。

**9**

8分立てより少しゆるめのクリームを全体に塗り、きれいに整える。

**10**

丸口金をセットした絞り袋に8分立てのクリームを入れ、ケーキの縁に沿って丸く絞る。中央に飾り用のいちごをのせ、あればナパージュを塗る。

# いちじくのロールケーキ

**見た目もかわいいのでギフトとしてもおすすめです。**

**材料｜ロールケーキ型（または天板）（28×28㎝）1枚分**
※長さ25㎝のロールケーキ1本分

**＊スポンジ＊**
卵黄 … 3個分
きび糖 … 30g＋40g
米油 … 大さじ1
牛乳 … 大さじ1
薄力粉 … 50g
卵白 … 3個分

**＊クリーム＊**
生クリーム（45%）… 200㎖
きび糖 … 15g

**＊デコレーション＊**
いちじく … 3個
チャービル … 適量
粉砂糖 … 適量

**MEMO**
ロールケーキは素早く巻きましょう。何度かつくるとコツが掴めます。きれいな「の」の字になったら感動しますよ。

## 下準備

▶型に敷紙を敷く。▶薄力粉はふるっておく。
▶いちじくは皮をむいて6等分のくし形に切る。
▶オーブンを180℃に予熱する。

## つくり方

**1**

**＊スポンジをつくる＊** 大きめのボウルに卵黄を溶きほぐし、きび糖30gを加える。ハンドミキサーで白くもったりするまで泡立て、さらに米油、牛乳を加えて混ぜる。

**2**

薄力粉をふるい入れ、粉っぽさがなくなるまで泡立て器で混ぜる。

**3**

別のボウルに卵白を入れ、ハンドミキサーでざっと泡立てる。きび糖40gを3回に分けて加え、ツノがピンと立つぐらいにしっかりとしたメレンゲをつくる。

**4**

**2**のボウルに**3**のメレンゲの半量を加え、泡立て器で筋が見えなくなるまで混ぜる。

**5**

残りのメレンゲを加え、泡立て器で下からすくい上げるようにして泡を消さないように混ぜる。最後はゴムべらに持ちかえてさっくり混ぜる。

**6**

型に流し入れて平らにならし、型を10㎝の高さから2～3回落として空気を抜き、180℃のオーブンで12分焼く。

**7**

焼き上がったら20cmほどの高さから落とし、型からはずしてケーキクーラーにのせて冷ます。乾燥しないようにふんわりとラップで覆う。

**8**

＊クリームをつくる＊　ボウルに生クリーム、きび糖を入れ、ボウルの底を氷水にあてながら泡立て、8分立てにする。1/3量は星口金をセットした絞り袋に入れる。それぞれ使うまで冷蔵庫で冷やす。

**9**

＊デコレーション＊　スポンジは敷紙をはがし、オーブンシートの上に焼き色がついている面を上にしておく。巻き終わりになる部分は1cmくらいのところで斜めに切る。

**10**

8のクリームをのせて奥1cmほどあけて塗り広げ、いちじく2個分を生地の手前に2列に並べる。スポンジを折り込むようにして芯をつくり、敷いているオーブンシートごと持ち上げて一気に巻く。

**11**

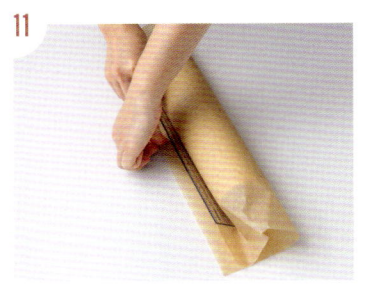

オーブンシートの上から定規などをあててきつく締め、巻き終わりを下にしてラップで包み、冷蔵庫で1時間以上冷やす。

**12**

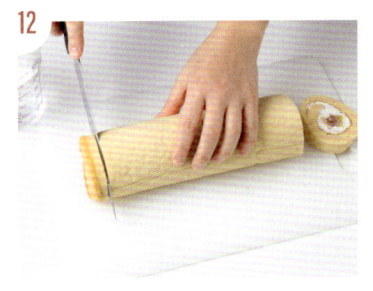

ラップをはずし、温めたナイフで両端を切り落とす。8で絞り袋に入れたクリームを絞り、いちじく、チャービルを飾り、茶こしで粉砂糖をふる。

# 恵方巻きロール

遊び心たっぷりのロールケーキ。子どもたちもびっくりです。

材料 ｜ ロールケーキ型（または天板）（28×28㎝）1枚分 ※長さ10㎝のロールケーキ4本分

**＊スポンジ＊**
卵黄 … 3個分
きび糖 … 30g＋40g
米油 … 大さじ1
牛乳 … 大さじ1
薄力粉 … 50g
卵白 … 3個分

**＊クレープ生地＊**
薄力粉 … 45g
竹炭パウダー … 5g
きび糖 … 20g
塩 … ひとつまみ
溶き卵 … 1個分
牛乳 … 150㎖
無塩バター … 15g

**＊クリーム＊**
生クリーム（45%） … 100㎖
きび糖 … 8g

**＊デコレーション＊**
いちご … 4個
キウイ … 1個
パイナップル（缶詰、輪切り） … 2切れ

## 下準備

▶ 型に敷紙を敷く。 ▶ スポンジ用の薄力粉はふるっておく。

▶ オーブンを180℃に予熱する。 ▶ フルーツは2cm角に切り、ペーパータオルで水気をふいておく。

▶ バターは耐熱容器に入れて電子レンジ600Wで10秒加熱して溶かす。

## つくり方

**1**

**＊スポンジをつくる＊** P56の**1〜7**の要領で〈**スポンジをつくる**〉。

**2**

**＊クレープを焼く＊** ボウルに薄力粉、竹炭パウダー、きび糖、塩を入れて泡立て器で混ぜる。中央にくぼみをつくり、溶き卵、牛乳、溶かしバターを加え、粉気がなくなるまで混ぜ、30分ほど生地を休ませる。

**3**

フライパンにサラダ油（分量外）をペーパータオルでうすく塗り広げて中火で熱し、フライパンの底を濡れ布巾にあてて冷ます。フライパンに**2**をおたま1杯分（60mℓ）流し入れ、中火で焼く。

**4**

生地の縁に焼き色がついて浮いてきたら、一度火を消して菜箸を使って裏返す（→P72を参照）。再び中火で10秒ほど焼き、まな板などに取り出す。同様にあと3枚焼く。

**5**

**＊クリームをつくる＊** ボウルに生クリーム、きび糖を入れ、ボウルの底を氷水にあてながらハンドミキサーで泡立て、8分立てにする。

**6**

**＊デコレーション＊** スポンジは敷紙をはがし、十字に4等分に切る。巻き終わりになる部分は1cmくらいのところで斜めに切る。**6**のスポンジの大きさに合わせて**4**のクレープを四角く切る。

**7**

オーブンシートの上に**6**のクレープを1枚のせ、**5**のクリームを少量のせて塗り広げ、**6**のスポンジを1枚のせる。さらに1/4量の**5**のクリームとフルーツをのせる。

**8**

スポンジを折り込むようにして芯をつくり、オーブンシートごと持ち上げて一気に巻く。

**9**

オーブンシートの上から定規などをあててきつく締め、巻き終わりを下にしてラップで包む。同様にあと3本つくり、冷蔵庫で1時間以上冷やす。ラップをはずし、温めたナイフで両端を切り落とす。

 **Final Step**

# ガトーショコラ

**甘すぎず、コーヒーにぴったりのお菓子です。**

**材料 | 直径15cmの丸型1台分**

製菓用チョコレート
　（スイート、フレークタイプ）… 100g
無塩バター … 70g
卵白 … 2個分
きび糖 … 80g

卵黄 … 2個分
**A** | 薄力粉 … 10g
　| ココアパウダー … 25g

**下準備**

▶ オーブンを160℃に予熱する。▶ 型に敷紙を敷く。
▶ 卵黄は室温に戻し、卵白は冷蔵庫で冷やしておく。

## つくり方

**1**

チョコレートと1〜2cm角に切ったバターを合わせてボウルに入れ、60℃のお湯で湯せんにかけて溶かす。ゴムべらで混ぜながら溶かし、湯せんのままおいておく（チョコレートは50℃前後が理想）。

**2**

別のボウルに卵白をほぐし、きび糖を3回に分けて加え、その都度ハンドミキサーで泡立て、ゆるくおじぎする程度のメレンゲをつくる。

**3**

**1**のボウルを湯せんからはずし、卵黄を1個ずつ加えて、その都度手早く混ぜる。

**4**

**3**に**A**を合わせてふるい入れ、泡立て器でざっと混ぜる。

**5**

**2**のメレンゲの半量を加え、泡立て器でなめらかになるまで混ぜる。

**6**

残りのメレンゲを加え、ゴムべらでさっくり混ぜる。均一になったら型に流し入れ、型を10cmの高さから2〜3回落として空気を抜き、160℃のオーブンで40分ほど焼く。型のまま冷まし、完全に冷めたら型からはずす。あれば粉砂糖（分量外）をふる。

# アップルパイ

**サクッとした食感とりんごのジューシーさがたまらないです。**

MEMO
パイシートを使うと簡単にパイが焼けます。フィリングをさつまいもやチェリーにするだけでレシピの幅が広がります。

**材料** │ **直径18㎝のタルト型1台分**

**＊フィリング＊**
きび糖 … 50g
水 … 大さじ1
りんご（紅玉など）
　… 3個（450g）
無塩バター … 20g
シナモンパウダー
　… 小さじ1/2

**＊カスタードクリーム＊**
牛乳 … 100㎖
卵黄 … 1個分
きび糖 … 25g
薄力粉 … 10g
無塩バター … 5g
バニラビーンズペースト … 適量
**＊パイ生地＊**
冷凍パイシート（20㎝四方のもの）
　… 2枚
溶き卵（塗り用）… 1/2個分

▶ **9**の前までにオーブンを200℃に予熱する。

▶ りんごの皮と芯を取って厚さ5mmのいちょう切りにする。

▶ 冷凍パイシートを作業する10分ほど前に冷蔵庫に移して解凍しておく。

## つくり方

**1**

**＊フィリングをつくる＊** フライパンにきび糖と水を入れて、きび糖が溶けてぐつぐつとするまで中火で加熱する。カットしたりんごを加えて絡めたら、バターを加えて混ぜる。好みでシナモンパウダーを加える。

**2**

りんごの水分がなくなるまでしっかりと煮詰め、バットに取り出して冷ます。

**3**

**＊カスタードクリームをつくる＊** P45の**1**～**5**の要領で〈鍋で**カスタードクリームをつくる**〉。

**4**

**＊パイをつくる＊** パイシート1枚を2枚のオーブンシートで挟み、めん棒で型よりひとまわり大きいサイズになるまでのばす（21cm四方を目安に）。

**5**

1枚を型に敷き、余分な生地を切り落とし、フォークでパイシート全体に穴をあける（→P25の**7**を参照）。

**6**

**5**にカスタードクリームを入れ、**2**のりんごを全体に広げる。

**7**

もう1枚のパイシートを1.5cm程度の幅にカットする（約15本つくる）。

**8**

**6**の上にカットした生地をのせて編んでいく。余分な生地を切り落とし、残りの生地は幅を半分に切って三つ編みにし、パイの縁にのせて貼りつける。

**9**

余分な生地をカットしてしっかりと接着し、表面にハケで卵を塗る。200℃のオーブンで20分焼き、180℃に温度を下げてさらに20分焼く。こんがりと色づいたら粗熱をとり型からはずす。お好みで粉砂糖（分量外）をふり、バニラアイス（分量外）を添える。

# シャルロット・オ・ポワール

洋梨のコンポートをたっぷり使ったフランスの伝統的なケーキです。

**MEMO**
ひとつひとつのつくり方は難しくないですが、工程はやや多めなのがこのお菓子。でもがんばってつくれたら達成感を感じられますよ。

**材料｜直径15 × 高さ5cmのセルクル1台分**

**＊ビスキュイ＊**
卵黄 … 2個分
グラニュー糖 … 30g＋30g
卵白 … 2個分
薄力粉 … 60g
粉砂糖 … 適量

**＊洋梨のムース＊**
板ゼラチン … 5g
卵白 … 25g
グラニュー糖 … 25g
生クリーム … 100㎖
洋梨のピューレ … 70g
洋梨のコンポート（1.5cm角に切る）
　　　　 … 1/2個

**＊飾り用＊**
洋梨のコンポート
　　 … 1と1/2個
ナパージュ（上がけ用ゼリー）
　　 … 適量
ピスタチオ（きざんだもの）
　　 … 適量

**下準備**

▶ 天板に5.5×50cmになる帯（切れていてOK）と直径14cmの円が描かれた敷紙を敷く。

▶ オーブンを180℃に予熱する。 ▶ P67を参考に洋梨のコンポートをつくる。

▶ 洋梨のコンポート70g分はミキサーまたはブレンダーでピューレにしておく。

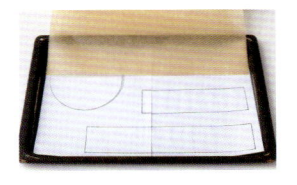

**つくり方**

**1**

**＊ビスキュイをつくる＊** 大きめのボウルに卵黄を溶きほぐし、グラニュー糖30gを加える。ハンドミキサーで白くもったりするまで泡立てる。

**2**

別のボウルに卵白を入れ、ハンドミキサーでざっと泡立てる。グラニュー糖30gを3回に分けて加え、しっかりとしたメレンゲをつくる。

**3**

**1**のボウルに**2**を加えてゴムべらでさっくり混ぜる。

**4**

マーブル状になったら薄力粉をふるい入れ、粉っぽさがなくなるまでさっくり混ぜる。

**5**

丸口金（直径12㎜）をセットした絞り袋に入れ、側面用の生地（長さ5.5cmの棒状を50cm分になるまで約30本）と底面用の生地（直径14cmのうずまき状）を絞る。

**6**

粉砂糖を全体にふり、溶けたらもう一度全体にふって180℃のオーブンで10分焼く。

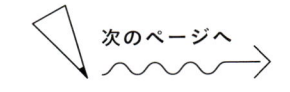
次のページへ

**7**

焼き上がったビスキュイが冷めたら、側面用のビスキュイを高さ5cmになるように片方の辺を切る。セルクルの内側に沿うようにビスキュイを並べ、底面用ビスキュイの大きさを調節して入れ込む。

**8**

**＊洋梨のムースをつくる＊** 氷水（分量外）に板ゼラチンを入れて戻す。

**9**

ボウルに卵白を入れ、グラニュー糖25gを3回に分けて加えながら、ハンドミキサーでしっかりとしたツヤのあるメレンゲをつくる。

**10**

別のボウルに生クリームを入れ、ボウルの底を氷水にあてながらハンドミキサーで泡立て、6分立てにする。

**11**

さらに別のボウルに洋梨のピューレ、8の板ゼラチンの水気を絞って加えて60℃の湯せんにかけ、混ぜながら溶かす。

**12**

9のメレンゲに10の生クリームを加えてさっくり混ぜる。さらに11のピューレを加え、ゴムべらで均一になるまで混ぜる。

**13**

7に12を半量流し入れ、1.5cm角に切った洋梨のコンポートを全体にちらす。残りの12を流し、表面を平らにして冷蔵庫で2時間以上冷やしかためる。

**14**

飾り用の洋梨のコンポートを薄切りにし、水気をふき取って、13の上にのせる。あればナパージュを塗ってピスタチオをちらし、セルクルをはずして側面にリボンを巻く。

## 洋梨のコンポート

**材料｜洋梨4個分**

洋梨 … 4個
グラニュー糖 … 100g
白ワイン … 200㎖
レモン汁 … 大さじ1
バニラビーンズ
　… 1/3本(種を取った
あとのさやだけでもOK)

**MEMO**
りんごやオレンジなど色んなフルーツでも楽しめます。フルーツが余っているときにぜひ、つくってみてください。

**つくり方**

**1** 洋梨は縦半分に切り、皮と芯を取り除く。

**2** 水400㎖（分量外）と洋梨以外の材料をすべて鍋に入れて火にかけ、沸騰させる。

**3** 洋梨を入れて落とし蓋をし、弱火で30分ほど煮る。保存容器に移し、シロップにつけたまま冷ます。

# スポンジ生地がうまく焼けなかったときは

お菓子づくりに失敗はつきものとよく言われますが、スポンジ生地がうまく膨らまなかった…なんて経験をしたことはありませんか？ 実は私は何度かあります。それは、卵の泡立て不足だったり、材料を混ぜすぎていたり、オーブンの特徴を掴み切れていなかったりと理由はさまざまですが、そんなときみなさんはどうされていますか？ 私は、家族に失敗作を出すわけにもいかず、自分だけのおやつとしてただひたすら食べていました（笑）。

そんな失敗に見えるスポンジが、実はリカバリーできることを知っていますか？ その代表的なものが「ラムチョコボール」。スポンジを細かくして丸めてチョコがけをするだけで、一気に大人のチョコボールに。見た目もかわいく、ちょっとしたプレゼントとしても喜ばれます。今回はラムレーズンを入れて大人の味にしていますが、子どもと一緒に食べるときはラムレーズンを抜いてつくってみるのもいいと思います。

それ以外に、失敗したスポンジはティラミスのフィンガービスケットの代わりに使っても問題なかったりと、意外とリカバリー可能。膨らまなかったと諦めるのではなく、スポンジを使ったリカバリースイーツに挑戦してみてください。

**Recovery Cake**

## ラムチョコボール
ラムレーズンの代わりにオレンジピールを入れてもおいしいです。

**材料 ｜ 直径4cmのもの10個分**
スポンジ生地 … 100g
コンデンスミルク … 30g
レーズン … 40g
ラム酒 … 40g
コーティングチョコレート（スイート）
　… 100g

**下準備**
▶ レーズンは湯通しし、水気を切ってラム酒に漬ける。できればひと晩以上おく。
▶ バットにオーブンシートを敷く。

**つくり方**

**1**
スポンジ生地はざるにこすりつけて細かくし、コンデンスミルクを加えてゴムべらで混ぜる。

**2**
水気を切ったラムレーズンを加えて混ぜ、10等分にする。手で丸めて冷凍庫で20分以上休ませる。

**3**
チョコレートを50℃の湯せんで溶かし、フォークに**2**をのせくぐらせる。バットに並べ、チョコが乾くまで置く。

**4**
残ったチョコをコルネに入れ、**3**の表面に模様をつける。好みでカカオニブ、ドライフランボワーズ（ともに分量外）などを飾る。

いちごを飾って
おいしそうにできました

Mitsuomi's Talk
03

# 工程が多くて大変だけど
# 完成したら絶対に感動します

　特別なケーキと題して、イベントで活躍するケーキを集めてみました。こうやって見ると、イベントには生クリームを使ったケーキが活躍するんだと改めて感じました。

　生クリームの難しさは"○分立て"の正解が見えないこと。見よう見まねで混ぜていたら、プロがつくった生クリームのようなツヤが出てこないんですよ。いろいろ悩んで分かったのが、どうも私は混ぜすぎていたということ。混ぜすぎることで、生クリームがかたくなりツヤが失われてしまっていたようです。これを知って挑んだ「クリスマスショートケーキ」は、ツヤも出て格段においしそうになりました。本当に基礎って大事。生クリームの混ぜ方については動画もあるので、そちらがみなさんのヒントになればうれしいです。

　そしてこの章で一番印象的なのは、なんといっても「シャルロット・オ・ポワール」。お

菓子づくりを始めたころはどのような構造なのか想像もできませんでした。ただいつかはつくりたいと願っていて、やっと挑戦できたのはお菓子づくりを始めてから1年近く経ったころ。やっとここまでたどり着いたかとしみじみしたのを覚えています。

　初めてつくったときは、洋梨のコンポートとケーキをつくる日で分けました。その方がコンポートに味が染みておいしいのと、意外と時間がかかると気づいたから。実は私、工程が多いものは時間に余裕を持ってつくるようにしています。急いでつくるのは失敗のもとですから。そのようにして2日にわたってつくったケーキは時間がかかっただけあり、繊細な味わいがしておいしかったです。まさかこんなケーキがつくれるとは。感動で胸がいっぱいになったのもいい思い出です。

Cute

生クリームは練習して
コツを掴むのが大事

So Good!!

# With Children

## ― 子どもとつくる ―

子どもたちの笑顔を見たいと思って始めたお菓子づくりですが、
やっぱり子どもたちと一緒につくっているときは格別に楽しいです。
卵を割ったり、粉を混ぜたり、生地を成形したりと、
実は子どもでも手伝えるパートはたくさんあります。
この章は子どもにおまかせできるパートがあるレシピを集めました。
お菓子づくりをひとつのコミュニケーションツールだと思って、
チャレンジしてみませんか？　子どもたちの笑顔が見られると思います。

# レインボーミルクレープ

子ども Baking

色鮮やかで見ているだけでもハッピーな気持ちになります。

**子どもにおまかせ**

**4**のクレープを重ねるところもチャレンジ！ きれいに重ねられるかな？ **2**の焼くところは大人が担当しましょう。

## 材料 | 直径21cmのもの1台分

**＊クレープ生地＊**
薄力粉 … 240g
きび糖 … 40g
塩 … 少々

溶き卵 … 4個分
牛乳 … 600ml
無塩バター … 60g
バニラビーンズペースト … 少々

**＊色付け＊**
赤色：ストロベリーパウダー3g
　　　＋食用色素（赤色）少々
黄色：パンプキンパウダー5g
紫色：食用色素（紫色）少々
緑色：抹茶パウダー3g

**＊クリーム＊**
生クリーム … 400ml
きび糖 … 30g

## 下準備

▶ バターは耐熱容器に入れて
　電子レンジ600Wで1分加熱して溶かす。
▶ バニラビーンズペーストは溶かしバターに
　加えて混ぜておく。

## つくり方

**1**

**＊クレープを焼く＊** ボウルに薄力粉、きび糖、塩を入れて泡立て器で混ぜる。中央にくぼみをつくり、溶き卵、牛乳、溶かしバターを加え、粉気がなくなるまで混ざったら5等分にする。

**2**

4つの生地にそれぞれのパウダーや食用色素などを加えて泡立て器で均一に混ぜ、赤、黄、紫、緑に色付ける（1つはそのままプレーンとして使用する）。混ざったら30分ほど生地を休ませ、P59の**3**、**4**の要領で各色4枚ずつ〈**クレープを焼く**〉。

**3**

**＊クリームをつくる＊** ボウルに生クリーム、きび糖を入れ、ボウルの底を氷水にあてながらハンドミキサーで泡立て、8分立てにする。

**4**

皿に紫のクレープを広げ、**3**のクリームをひとすくいのせて塗り広げる。紫、緑、黄、プレーン、赤の順になるようにクレープとクリームを交互に重ねていき、冷蔵庫で冷やす。

**POINT**

クレープをきれいに焼くには、一度温めたフライパンの底を濡れ布巾にあてて冷ますのがポイント。また生地を裏返すときは、生地の1/3ぐらいの位置に置いた菜箸に生地を折って引っかけ、菜箸を持ち上げてひっくり返してください。

# グラノーラ割れチョコ

**トッピングは好きなものでOK。子どもにはマシュマロが人気です。**

**子どもにおまかせ**

湯せんや包丁を使うところ以外は安全にできるのがチョコレートづくり。自由にトッピングしてもらいましょう。

**材料｜直径22㎝の耐熱皿1台分**

製菓用チョコレート（ミルク、フレークタイプ）… 100g
トッピング（好きなもの※ここではグラノーラ10g、無塩ミックスナッツ15g、
　ドライいちじく15g）… 適量

**下準備**

▶ ドライいちじくは食べやすい大きさに切る。

**つくり方**

1 耐熱皿にオーブンシートを敷き、チョコレートを入れてふんわりとラップをかけ、電子レンジ600Wで1分加熱する。

2 取り出してゴムべらでざっと広げ、トッピングをのせて冷蔵庫で1時間ほど冷やしかためる。

3 完全にかたまったら、好みの大きさに手で割る。

74

# ホワイトチョコ チーズスティック

**ずっしりとしているけど酸味が きいているので何本も食べられます。**

**材料** ｜ **15×20cmのバット1台分**
製菓用ホワイトチョコ（フレークタイプ）
　　… 200g
クリームチーズ … 200g
ミューズリー … 100g
オレンジコンフィ（輪切り）… 5枚
ピスタチオ（ロースト）… 5g

**下準備**
▶ バットにオーブンシートを敷く。
▶ クリームチーズは室温に戻しておく。
▶ ピスタチオは細かくきざむ。

**つくり方**

**1** ボウルにホワイトチョコを入れ、50℃の湯せんにかけてゴムべらで混ぜて溶かす。

**2** 別のボウルにクリームチーズを入れて練り、**1**のチョコとミューズリーを加えて混ぜる。

**3** バットに入れ、表面をゴムべらで押さえながら平らにならす。オレンジコンフィとピスタチオをちらし、ラップを密着させて軽く押さえ、冷蔵庫で1時間ほど冷やす。

**4** かたまったらオーブンシートごとバットから取り出し、16本に切る。

# フランボワーズの 生チョコ

**リキュールがきいているので大人の味です。 バレンタインギフトに喜ばれます。**

**材料** ｜ **15×20cmのバット1台分**
製菓用チョコレート
　　（カカオ66％、フレークタイプ）… 250g
無塩バター … 30g
生クリーム … 100ml
フランボワーズリキュール … 大さじ1
ココアパウダー … 適量

**下準備**
▶ バットにオーブンシートを敷く。

**つくり方**

**1** 耐熱ボウルにチョコレート、2cm角に切ったバターを入れて混ぜる。生クリームを加え、ふんわりとラップをかけて電子レンジ600Wで2分加熱する。

**2** 取り出してゴムべらで混ぜる。溶け残りがあるようなら追加で電子レンジ600Wで10秒ずつ加熱して溶かす。完全に溶けたらフランボワーズリキュールを入れて混ぜる。

**3** バットに流し入れて平らにならし、冷蔵庫で1時間以上冷やす。

**4** かたまったらオーブンシートごとバットから取り出し、包丁で2.5cm角に切り、上からココアパウダーをまぶす。

# いちごパフェ

旬のフルーツを使って自分だけのパフェをつくることもできます。

**子どもにおまかせ**

3、4のデコレーションをお願いしたら、大喜びしながらつくってくれます。

**材料** | 直径8×高さ6cmのグラス2個分

いちご(小粒のもの) … 12個
コーンフレーク … 20g
＊クリーム＊
生クリーム(45％) … 200㎖
グラニュー糖 … 15g
抹茶パウダー … 2g

**下準備**

▶ いちごはヘタを取り、
飾り用2個を取り分け、
6個は縦半分に切り、
4個は1cm角に切る。

**つくり方**

**1**

＊**クリームをつくる**＊ ボウルに生クリーム、グラニュー糖を入れ、ボウルの底を氷水にあてて泡立て、7分立てにする。

**2**

半量ずつボウルに分け、片方には抹茶パウダーを加えてさらに混ぜ、8分立てにして星口金をセットした絞り袋に入れる。もう片方はそのままさらに泡立てて8分立てにする。

**3**

＊**デコレーションする**＊ グラスに1cm角のいちご半量、白い生クリームの1/4量、コーンフレーク半量を順に入れていく。

**4**

半分に切ったいちごを半量グラスの側面に断面が見えるように貼りつけ、白い生クリームの1/4量を入れ、抹茶クリーム半量を絞り、飾り用のいちご1個を縦半分に切りのせる。

# ぶどうゼリー

子どもが大好きなゼリー。ゼリー液がかたまる様子に驚きますよ。

**子どもにおまかせ**

5のゼリーをほぐすところをお願いしましょう。子どもの力でも簡単にほぐれます。

## 材料 | 満水時210㎖のグラス4個分

| | |
|---|---|
| 巨峰 … 大12粒 | レモン汁 … 小さじ1 |
| 水 … 300㎖ | 粉ゼラチン … 5g |
| グラニュー糖 … 50g | 水 … 大さじ2 |

**＊トッピング＊**

水 … 200㎖
グラニュー糖 … 50g
レモン果汁 … 大さじ1
粉ゼラチン … 5g
水 … 大さじ2

**下準備**

▶ ぶどうゼリー用とトッピングのレモンゼリー用、それぞれ水に粉ゼラチンをふり入れ、ふやかしておく。

## つくり方

**1**

鍋に湯を沸かし、巨峰を入れて30秒ゆでる。氷水にとり皮をむき、実と皮に分ける。

**2**

小鍋に水300㎖と1の巨峰の皮を入れ、沸騰させないように煮る。色が出てきたらグラニュー糖を加えて溶かし、火を止める。ふやかしておいたゼラチンを加えて溶かし、ざるでこして皮を取り除き、レモン汁を加えて混ぜ、粗熱を取る。

**3**

グラスに1の巨峰の実を3粒ずつ入れ、2を注いで冷蔵庫で冷やしかためる。

**4**

**＊トッピングをつくる＊** 小鍋に水200㎖、グラニュー糖を加えて中火にかける。沸騰直前で火を止め、ふやかしておいたゼラチンを加えて溶かす。

**5**

レモン汁を加えて混ぜ、保存容器に入れて冷蔵庫で冷やしかためる。完全にかたまったらフォークでほぐし、3の上にのせ、あればミント（分量外）を飾る。

**子どもと一緒につくる**
# お菓子づくりは、成功体験を味わえるいい機会

うさぎさん

キノコ

？？？

魚

カメ

アンパンマン

ねこちゃん

レモン

家でつくっていて楽しいのは、子どもたちが「お手伝いする〜」とお菓子づくりをやりたがってくれること。危ない作業は「もうちょっと大人になってからね」と我慢してもらいますが、ちょこっとしたことなら我が家では手伝ってもらいます。

お菓子づくりは、包丁や火をあまり使わないので、子どもたちがチャレンジするにはすごく向いているんです。今回は「スイートポテト」をつくりましたが、蒸すのは電子レンジですし、焼くのはオーブンレンジに入れるだけ。「チュロス」も揚げるパートは大人が担当し、子どもたちには成形やコーティングなどのアレンジをお任せすると、楽しんでつくってくれます。危険が少ない分、親としても安心して一緒に楽しめます。

そして感じるのは、子どもたちの発想力の豊かさです。まさかこんな形にするなんて！という驚きがあったりとすごくおもしろいです。もちろん失敗してしまったり時間がかかったり片付けの手間はありますが、子どもたちにとっては代えがたい経験になると思います。少しの面倒には目をつぶってチャレンジさせてください。そしてつくったお菓子がおいしかったら本当に最高です。簡単なところから一緒につくってください。

## 親も思いっ切り楽しんで！

汚したりこぼしたりと、予想ができない行動をとることもありますが、ある程度のことは笑って、こちらも楽しむ気持ちで過ごしてください。

## できることは子どもにおまかせ

成形はもちろんのこと、卵を割ったり卵黄をハケで塗るといった作業もお願いしています。卵を割るのもどんどん上達するので頼もしいです。

## 子どもならではの発想力に感動

想像を超えた子どもたちのアイデアに驚かされることも多いと思います。いつもとは違った目線でお菓子づくりを楽しめます。

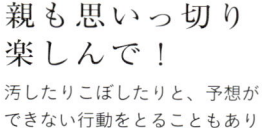

子ども Baking

# スイートポテト

**フードプロセッサーを使うことで裏ごしの大変さから解放されます。**

**材料｜7×3㎝のもの6個分**
さつまいも … 小1本（250g）
きび糖 … 50g
無塩バター … 20g
卵黄 … 1/2個分
A｜卵黄 … 1/2個分
　｜みりん … 小さじ1

**下準備**
▶ オーブンを200℃に予熱する。
▶ 天板にオーブンシートを敷く
　（オーブントースターでもOK。
　その場合はアルミ箔を敷く）。

## つくり方

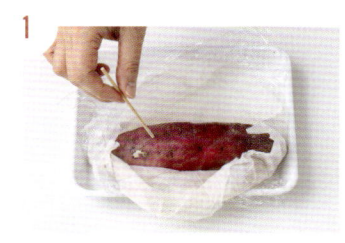

**1**
さつまいもは皮つきのままよく洗い、塗らしたペーパータオルで包み、さらに上からラップで包む。電子レンジ600Wで1分加熱し、さらに200Wで8分加熱する。竹串がすっと通ればOK。

**2**
皮をむいて200gはかり、きび糖とともにフードプロセッサーに入れて撹拌し、さらにバターと卵黄を入れて撹拌する。手で成形できるかたさに仕上げる（かたいようなら卵黄（分量外）を少しずつ加えてよく混ぜる）。

**3**
さつまいもの形に整えて天板にのせ、混ぜ合わせたAをハケで塗る。200℃のオーブンで10分ほど焼く。

# 子どもBaKing チュロス

子どもたちが成形したものを大人が揚げてください。幸せな共同作業です。

**材料｜長さ16㎝のもの14本分**

水 … 150㎖
無塩バター … 60g
塩 … ひとつまみ
きび糖 … 大さじ1
薄力粉 … 100g
卵 … 2個
揚げ油 … 適宜

**＊トッピング＊**

粉砂糖 … 適量
**シナモンシュガー：**
シナモンパウダー小さじ1/2＋グラニュー糖大さじ1
**抹茶シュガー：**
抹茶パウダー小さじ1/4＋グラニュー糖大さじ1

**下準備**

▶ バターは2㎝角に切る。
▶ 薄力粉はふるっておく。
▶ 卵は室温に戻しておく。
▶ オーブンシートを18×4㎝に切ったものを14枚用意する。
▶ フライパンに油を3㎝の深さになるように入れておく。

## つくり方

**1**

**＊生地をつくる＊** P46の**1〜3**の要領で〈**生地をつくる**〉。星口金（直径13㎜）をセットした絞り袋に生地を入れ、用意しておいたオーブンシートの上で棒状に絞る。

**2**

170℃に熱した油にオーブンシートごと入れる。30秒ほど揚げてオーブンシートが自然にはがれてきたらシートを取り出す。途中返しながら、こんがりときつね色になるまで揚げる。

**3**

取り出して油を切り、好みで粉砂糖、シナモンシュガー、抹茶シュガーをまぶす。

**フレンチクルーラー バージョン**

オーブンシートの上で生地を直径7㎝に二段に重ねて絞り、こんがりときつね色になるまで揚げ、仕上げにハニーグレーズの材料（粉砂糖60g＋牛乳大さじ1＋はちみつ20g）をよく混ぜてコーティングするとフレンチクルーラーに。

一緒につくっていると
自然と笑顔に
なっちゃいます

# 子どもの成長を近くで
# 見られる醍醐味があります

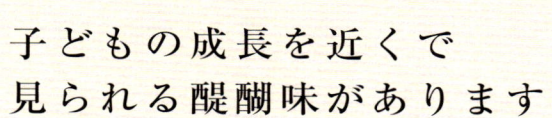

今回、子どもたちと一緒に楽しく「スイートポテト」をつくりましたが、なかでも驚いたのが、子どもたちの成長です。危なっかしいところはありましたが、卵もきれいに割れて、思い思いの形に成形するなど、2人の姿は頼もしかったです。遊んでいるときには気づかない成長を、一緒にお菓子づくりをすることで発見できるのはうれしいところです。あと何年、一緒につくってくれるかは分からないですが、子どもたちが飽きないうちは一緒にお菓子づくりを手伝ってもらい、思い出をたくさんつくっていきたいです。そして彼らが大人になったとき、この思い出をどう感じてくれるか…。今から楽しみでならないです。

この章で紹介した「レインボーミルクレープ」や「いちごパフェ」は子どもにも大人気です。とくに「レインボーミルクレープ」は見た目も

ポップでワクワクするみたいです。「いちごパフェ」は、デコレーションを子どもたちにおまかせすると唯一無二のパフェができると思います。透明の器やグラスだと側面が見えるので、完成したパフェの見た目も一緒に楽しんでください。

「チョコレート」は定番ですが、味は大人が喜ぶ少しビターなテイストにしています。アレンジは自由自在なので、ぜひ自分たちに合ったトッピングでつくってみてください。ちなみにチョコレートはラッピングすると、バレンタインデーにピッタリの一品になります。

子どもと一緒につくれる比較的に簡単なレシピを紹介しましたが、子どもの成長によってつくれるレシピやパートはどんどん変化していくと思います。そんな彼らの成長を見守っていきたいです。

焼き加減チェックは
お父さんの仕事です

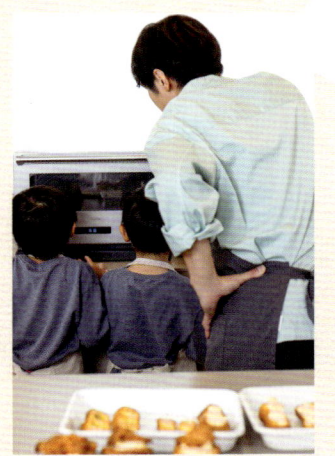

*So happy!!*

# Japanese Sweets

— 和菓子 —

甘いものは好きだけど脂質が気になるという方にピッタリなのが和菓子。
もちろんあんこや砂糖を使っているのでカロリーはあるのですが、
バターを使っていないので脂質が低いのが特徴です。
とはいえ和菓子といえばどうしても職人というイメージが強いため、
家でつくれるの？と思う方もいるかもしれませんが実は意外と簡単なんです。
なんならクッキーやタルトよりも失敗が少ないかもしれません。
洋菓子をよくつくっている人は和菓子づくりのトビラも開いてみませんか？

和 Baking

# 道明寺

**電子レンジだけでつくれます。あんこは市販のものでOKです。**

**材料 | 15個分**

水 … 280㎖
食用色素（赤色）… 適量
道明寺粉（5割中粒）… 150g
グラニュー糖 … 40g
塩 … 少々

こしあん … 300g
桜葉の塩漬 … 15枚
**＊シロップ＊**
グラニュー糖 … 大さじ1
水 … 大さじ1

**下準備**

▶ こしあんは15等分にして丸める。

▶ 桜葉の塩漬はさっと水洗いして水に30分ほど浸けて塩抜きする。水気をふき取り、
　はさみで茎を切る（大きい場合は茎に近い部分を少し切ってもよい）。

▶ シロップの材料を耐熱容器に入れ、電子レンジ600Wで30秒加熱し、冷ましておく。

**つくり方**

**1**

分量の水から少量取り分けて食用色素を溶き、分量の水に少量ずつ様子を見ながら戻し入れ、薄い桜色に色付けする。

**2**

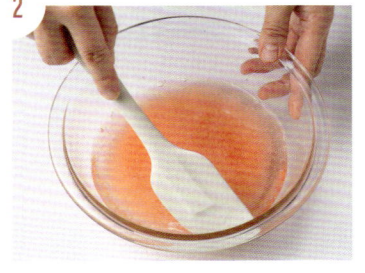

耐熱ボウルに道明寺粉とグラニュー糖、塩、**1**を入れ、ゴムべらで混ぜる。ふんわりとラップをかけて電子レンジ600Wで4分加熱する。

**3**

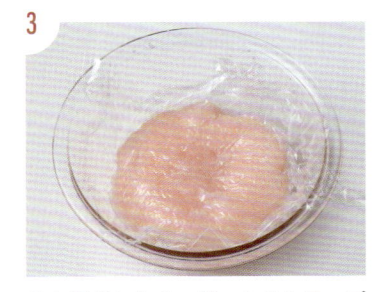

ひと混ぜしたら、ぴったりとラップをかけて10分蒸らす。ゴムべらで切るように混ぜて15等分にし、温かいうちに手にシロップをつけて丸める。

**4**

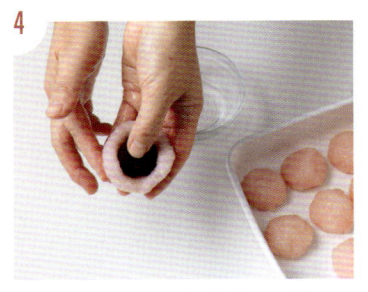

生地を手のひらで軽く押して平らにし、丸めたあんをのせて包み、手のひらで転がしながら丸く成形する。同様にあと14個つくる。

**5**

桜の葉の葉脈が外側になるようにして、茎に近い方に**4**をのせてくるむ。同様にあと14個つくる。

# 抹茶どら焼き

和 Baking

小さめに焼くと子どものおやつにぴったりです。

**材料 | 直径7cmのもの6個分**

卵 … 1個
きび糖 … 60g
はちみつ … 20g
水 … 大さじ2
みりん … 大さじ1
米油 … 大さじ1

A　薄力粉 … 75g
　　ベーキングパウダー … 小さじ1/2
　　抹茶パウダー … 3g
粒あん … 240g

**下準備**

▶ 粒あんは6等分にする。

**つくり方**

1　ボウルに卵を入れて溶き、きび糖を加えて泡立て器ですり混ぜる。はちみつ、水、みりん、米油を加えてさらに混ぜる。

2　Aを合わせてふるい入れ、粉っぽさがなくなるまで泡立て器で混ぜる。ラップをかけて30分ほど生地を休ませる。

3　ラップをはずしゴムべらで軽く混ぜる。フッ素樹脂加工のフライパンを中火で熱し、フライパンの底を濡れ布巾にあてていったん温度を下げる。再びフライパンを火にかけ、生地を大さじ1強ずつ丸く流し入れる。生地の表面に気泡ができてきたら裏返し、20秒ほど焼いて取り出す。同様にあと11枚焼く。

4　オーブンシートの上に置いてラップをかけて冷ます。粗熱がとれたら生地を2枚1組にして、粒あんを挟む。同様にあと5個つくる。

**POINT**

生地を焼く前に熱したフライパンの底を濡れ布巾にあてて温度を下げるときれいな焼き色になります。ホットケーキをつくるときも試してください。

和
Baking

# 8種類のだんご

トッピングによって味が変わるのでお得な気分を味わえます。

## 材料｜8本分（4種類×各2本）

**＊だんご＊**
白玉粉 … 50g
水 … 50ml
上新粉 … 100g
きび糖 … 10g
熱湯 … 90ml

**＊トッピング＊**
**あんこ**：こしあん50g
**きな粉**：きな粉小さじ1＋きび糖小さじ1
**黒ごま**：黒すりごま小さじ2＋きび糖小さじ2＋水大さじ1/2
**みたらし**：醤油小さじ2＋きび糖小さじ2＋片栗粉小さじ1/2＋水大さじ2

## つくり方

**1**

**＊だんごをつくる＊** ボウルに白玉粉を入れ、水を少しずつ加えてひとまとまりになるまでしっかり混ぜる。上新粉、きび糖を加えて混ぜ、さらに熱湯を加えてゴムべらでよく混ぜる（粉っぽさがあれば追加で少量の熱湯を加える）。手で触れられる温度になったらしっかりと手でこね、耳たぶくらいのやわらかさになるまでこねる。

**2**

直径2～3cmくらいの棒状にのばし、24等分にして手で丸める。

**3**

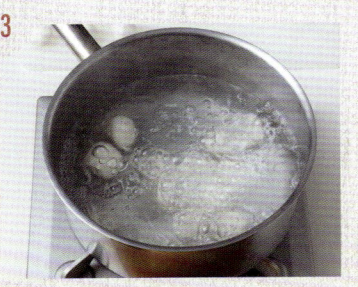

鍋に湯を沸かし、**2**をゆでる。浮き上がってからさらに3～4分ゆで、濡らしてかたく絞ったペーパータオルの上に取り出し、冷ます。

**4**

だんご串を水で濡らして**3**を3個ずつ刺し、8本つくる。

**5**

**＊トッピングをつくる＊** あんこはそのまま、きな粉と黒ごまは材料をすべてよく混ぜ合わせ、だんごにのせる。みたらしは材料をすべて耐熱容器に入れてよく混ぜ、ラップをせずに電子レンジ600Wで1分30秒加熱し、だんごにのせる。

### 洋風
バージョン

トッピングとして、ボウルに生クリーム（45%を100ml）ときび糖（5g）を入れ、ボウルの底を氷水にあてながら泡立てて8分立てにする。だんごにこしあん（160g）を塗り広げ、星口金（直径10mm）をセットした絞り袋に生クリームを入れて絞り、食べやすくカットしたフルーツをのせれば完成。（材料の分量は8本分）。

和 Baking

# あんみつ

あんこや黒蜜の量を調整すればダイエット中のおいしいおやつになります。

**材料｜4人分**

**＊寒天＊**
（12×15cmの流し缶1台分）
棒寒天 … 1本
水 … 600㎖

**＊黒蜜＊**
黒糖（粉末）… 50g
水 … 50㎖

**＊白玉＊**
白玉粉 … 50g
水 … 50㎖

**＊トッピング＊**
粒あん … 100g
ミックスフルーツ缶（みかん、黄桃、
パイナップル、さくらんぼなど）… 固形量100g
キウイフルーツ … 1個

**下準備**

▶ 棒寒天はたっぷりの水（分量外）に1時間以上浸ける（できれば一晩）。

▶ フルーツ缶は水気を切り、食べやすく切る。

▶ キウイフルーツは皮をむいて輪切りにする。

**つくり方**

**1**

**＊寒天をつくる＊** 寒天の水気を絞り、分量の水とともに鍋にちぎり入れて中火にかける。沸騰したら混ぜながら寒天を溶かす。完全に溶けたら火を止め、ざるでこして流し缶に入れ、冷蔵庫で1時間冷やしかためる。

**2**

**＊黒蜜をつくる＊** 黒糖と水を小鍋に入れ、中火にかける。沸騰したらゴムべらで混ぜながら黒糖を溶かし、2分ほど煮詰め、容器に移して冷ます。

**3**

**＊白玉をつくる＊** ボウルに白玉粉を入れ、少しずつ水を加えながら耳たぶくらいのやわらかさになるまでこねる。12等分し、それぞれをだんご状に丸め、中央をへこませる。鍋に湯を沸かし、白玉を入れ、全体が浮き上がってからさらに1分ゆで、冷水にとって冷ます。

**4**

寒天を1.5cm角に切り、器に寒天、粒あん、フルーツ、**3**の白玉を盛り付け、器に入れた**2**の黒蜜を添える。

## 米粉のスイーツ
# 薄力粉ではなく米粉を使ったお菓子づくり

ケーキなどの洋菓子は薄力粉を使わないとつくれないと思われがちですが、実は薄力粉を米粉に置き換えることができるお菓子もたくさんあります。私の姪っ子は小麦アレルギーなのですが、同世代の子どもたちが食べているパンやお菓子を見てうらやましそうな顔をしているのを見たことがあります。そんな姿を見て、いつかはアレルギーのある子どもたちも食べられるものをつくりたいと思ったのを覚えています。

自分でスイーツをつくるようになり、薄力粉を米粉で代用できるスイーツが多いことを知りました。今回の「米粉蒸しパン」のように最初から米粉でつくるレシピもありますが、ここまでに掲載したパウンドケーキやガトーショコラといったスイーツも薄力粉を米粉に代用してもつくることができます。とくにスポンジケーキやシフォンケーキのように薄力粉の量が少ないものは、そのままの分量で代用しても問題ないと思います。もちろんお菓子によっては米粉や卵、油脂などの量を調整する必要があるので、一度、膨らみなどを確認しながら挑戦してもらえるとうれしいです。

米粉はメーカーによって粒子の大きさなどに差があるので、必ず「製菓用」と表示があるものを使用してください。

---

### 和 Baking 米粉蒸しパン
**ふんわりとした食感と素材の味を楽しめます。**

**材料** ｜ 直径7cmのプリン型（容量100㎖）5個分

製菓用米粉 … 120g
きび糖 … 60g
塩 … 少々
ベーキングパウダー … 4g
水 … 100㎖
米油 … 大さじ1
蒸しあずき … 50g

**下準備**

▶ 鍋のふたは布巾で包んでおく。
▶ 鍋に2cmほど水を入れ、
　ペーパータオルを
　沈めて沸騰させておく。
▶ 型にグラシンカップを敷く。

**つくり方**

**1**

ボウルに米粉、きび糖、塩、ベーキングパウダーを入れ、泡立て器で混ぜる。

**2**

水、米油を加えて手早く混ぜる。

**3**

生地の半量を型に流し入れ、蒸しあずきを加える。残りの生地を分け入れ、鍋に入れてふたをし、中火で12分加熱する。

**4**

竹串を刺してみてどろっとした生地がついてこなければ、蒸し上がり。型からはずす。

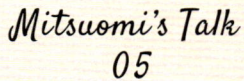

きれいに焼くには
火加減も大事

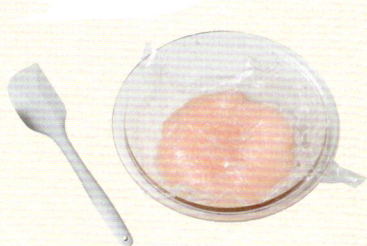

# ヘルシーな和菓子は
# つくってみると意外と簡単です

　昔、和菓子屋さんでアルバイトをしていた私にとって、馴染み深いスイーツである和菓子。そのお店のお母さんが「いつか"高橋光臣"印のどら焼きをつくって」と、オリジナル焼き印をプレゼントしてくれたので、その焼き印が映える「どら焼き」をつくろうと始めたのが和菓子づくりでした。

　とはいえ和菓子を家でつくれるなんて思ってもみなかったので、最初は材料やつくり方がまとまったキットを買ってきてつくることにしました。そのときに選んだのが「道明寺」。和菓子屋さんでしか見かけない、難しそうなイメージがありましたが、キットを使うとあっという間。あまりの簡単さに驚いたのを覚えています。それ以降、自分なりのアレンジを加えてつくっていますが、あのキットを使ったことで、和菓子づくりが難しくないと知れたのはすごくいい経験でした。

　さらにつくってみて驚いたのは「あんみつ」。なんなら洋菓子よりも工程が少ないくらい。もちろんあんこをイチからつくると大変ですが、そこは買った方が早いかなと思い、市販のものを使っています。これはあんこに限らずですが、すべてイチからつくる必要はないと考えているので、これからも市販のものを活用しながらつくっていきたいです。

　仕事によって体づくりが必要となることもあるため、脂質の少ない和菓子はありがたい存在です。とくに体につきやすいのは、脂質と糖質が同居している食べ物なので、炭水化物のような糖質が好きな私には、脂質を抑えられる和菓子はありがたい存在です。その上、おいしいって最高。今後は和菓子のレパートリーも増やしていきたいです。

あんこの量は
お好みで

So Easy!!

Delicious

# おわりに

お菓子づくり初心者の私が、つくっていて感じたことや学んだことなどを詰め込んだ一冊でしたが、いかがだったでしょうか。一冊にまとめるとなったとき、あのおいしかったレシピを載せたい、あれも捨てがたい…などといろいろ悩みましたが、その中から比較的に簡単で私が好きなレシピを載せています。みなさんのお気に入りになりそうなレシピがあったのなら大変うれしいです。

今回、レシピを選んだり撮影をしたりしていて、お菓子づくりを始めたころの気持ちを思い出しました。失敗したときの悔しさやうまくできたときの喜び、自分なりにレシピをアレンジしてうまくいったときの達成感…など、あのときの自分がいたから今があるんだと感じています。そしてなによりも自分がつくったお菓子を食べたときの家族の笑顔やSNSでいただいたありがたい感想をはっきりと思い出しました。みんなの笑顔が見たくて始めたお菓子づくり。こうやって本として形になったのは本当にありがたいです。

そして改めて、背中を押してくださったDAIGOさんに感謝したいです。実は最初にお菓子づくりの提案をしてくださっただけではなく、"DAIGO P"として裏でいろいろアドバイスをいただいていました。とくにビジュアル面など、みんなに喜ばれるSNSをつくれているのはDAIGOさんのプロデュース力があってこそだと思います。

私は初めてお菓子をつくったときに、自分はこんなことができるんだと非常に感動したし、有名なパティスリーのスイーツと同じくらい自分がつくったものもおいしいんだとかなり驚きました。そんな新しい世界を多くの方に感じてもらえたら。この本がその入り口となればうれしいです。

お菓子づくりを始めてから、街中にスイーツが溢れていることに気づきました。よくスカイダイビングをすると世界が変わるなんて言われますが、私にとってのお菓子づくりはまさにそれ。この1年半で見えている世界がかなり変わってきています。なかでも、これまでパティスリーに行くことはなかったのですが、自分がつくるようになってからは俄然、興味がわいて訪れることが増えました。そこには私がつくっているのとはまた違う、芸術的なスイーツがこれでもかと並んでいます。これまで知らなかった世界…。そんな新たな発見がお菓子づくりには詰まっています。

こんな未来、お菓子づくりを始めた1年半前の自分は想像もしていなかったです。これからも色んなレシピに挑戦していきたいです。そしていずれは、ドラマの撮影現場などに差し入れとして持って行けたらと思っています。そうなるにはまだまだ練習が必要。人に渡して喜ばれるように少しずつステップアップをしていきたいです。

そしてこれからもスイーツをきっかけにたくさんの人から笑顔をいただけたらうれしいです。

高橋光臣

# 俺とスイーツ ～家族のためのお菓子作り～

2025年3月12日　第1刷発行

著　　　　高橋光臣
発行者　　山下直久
発　行　　株式会社KADOKAWA
　　　　　〒102-8177 東京都千代田区富士見2-13-3
　　　　　0570-002-301（ナビダイヤル）
印刷・製本　TOPPANクロレ株式会社

本書の無断複製（コピー、スキャン、デジタル化等）並びに無断複製物の譲渡および配信は、著作権法上での例外を除き禁じられています。
また、本書を代行業者等の第三者に依頼して複製する行為は、たとえ個人や家庭内での利用であっても一切認められておりません。

定価はカバーに表示してあります。

●お問い合わせ
https://www.kadokawa.co.jp/（「お問い合わせ」へお進みください）
※内容によっては、お答えできない場合があります。
※サポートは日本国内のみとさせていただきます。
※Japanese text only

ISBN　978-4-04-897771-5　C0077　Printed in Japan
©KADOKAWA CORPORATION 2025

PROFILE

## たかはし・みつおみ

1982年3月10日生まれ、大阪府出身。
主な出演作に
ドラマ「ノーサイド・ゲーム」（2019年TBS系）、
「DCU」（2022年TBS系）、
「フェルマーの料理」（2023年TBS系）、
大河ドラマ「光る君へ」（2024年NHK総合）、
「家政婦クロミは腐った家族を許さない」
（2025年テレビ東京系）など。
【Instagram】@mitsuomitakahashi

レシピ監修　……………………… 森崎繭香

撮影　……………………………… 公文美和
デザイン　………………………… 大島達也（chorus）
スタイリスト　…………………… 津野真吾（impiger）
ヘア＆メーク　…………………… 佐藤厚基
フードスタイリング　…………… 佐野 雅
調理アシスタント　……………… 福田みなみ
　　　　　　　　　　　　　　　　田上あおい
編集・ライター　………………… 玉置晴子
編集　……………………………… 北川理子

アーティストマネジャー　……… 北園周太（STARDUST PROMOTION）
エグゼクティブプロデューサー　… 田口竜一（STARDUST PROMOTION）

材料協力　………………………… 株式会社富澤商店
　　　　　　　　　　　　　　　　オンラインショップ　https://tomiz.com/
　　　　　　　　　　　　　　　　Tel 0570-001919
　　　　　　　　　　　　　　　　（平日9：00〜12：00、13：00〜17：00）

撮影協力　………………………… UTUWA

スペシャルサンクス　…………… 高橋家